高效学与教

破解关于教学的迷思

[英] 罗宾·艾菲尔德／著

应琼／译

首都师范大学出版社

CAPITAL NORMAL UNIVERSITY PRESS

图书在版编目（CIP）数据

高效学与教：破解关于教学的迷思 /（英）罗宾·艾菲尔德著；应琼译. — 北京：首都师范大学出版社，2021.4

ISBN 978-7-5656-6166-2

Ⅰ.①高… Ⅱ.①罗… ②应… Ⅲ.①教学研究
Ⅳ.①G420

中国版本图书馆CIP数据核字（2021）第060538号

Better Teaching for Better Learning
Copyright © 2019 by Robin Attfield
Simplified Chinese translation copyright © 2020
by Beijing Capital Normal University Press Co., Ltd.
ALL RIGHTS RESERVERD.

版权登记号：01-2021-1349

高效学与教：破解关于教学的迷思
［英］罗宾·艾菲尔德◎著　　应琼◎译

责任编辑　王志宇
首都师范大学出版社出版发行
地　　址　北京西三环北路105号
邮　　编　100048
电　　话　68418523（总编室）　68982468（发行部）
网　　址　http://cnupn.cnu.edu.cn
印　　刷　天津中印联印务有限公司
版　　次　2021年4月第1版
印　　次　2021年4月第1次印刷
开　　本　880 mm×1230 mm　　1/32
印　　张　10
字　　数　233千字
定　　价　68.00元

Contents
目 录

第一章　提高教学水平

> *"教育不是灌输，而是点燃火焰。"*
>
> ——苏格拉底

本章纲要

本章介绍了本书的理论基础、结构安排以及安排的合理性。本书内容灵活性和交互性强，建议将其作为反思和提高教学的催化剂使用，而不是当作理论经典去死记硬背。基于作者的教学和管理经验，本章将让读者了解因地制宜开展工作的重要性，并有助于读者认识到教师的力量和责任，以及教师在帮助他人的道路上成就自己的重要性。

预期收获

读者将：

- 愿意阅读本书
- 认识到提高教学技能和教学知识的重要性
- 了解本书结构
- 认识到承担责任和因地制宜开展工作的重要性

认知误区：教师在完成职前培训后，便做好了教学的充分准备。

引言

学习是一场旅行。对学生而言，学校教育是其一生中所受教育的关键部分，可决定他们和他们将来的孩子在未来生活中的机遇和幸福程度。学校的教学质量是我们（付费的专业教育共同体）保证青少年享有高质量教学服务的重要因素。我希望本书为我们最重要的国际人力资源——青少年的发展提供有益的参照、指导方针和激励机制。

人是社会的产物，对社会的反映不一。作为教师，我们在努力积累知识和提高技能。我希望在职业生涯各阶段的教师和负责教师专业发展的人士，都能或多或少运用本书中的一些对于读者而言已经熟悉的、部分所知的或者崭新的理念，以提高教学质量和学习效果。

作为教师，我们需得树立终身学习的理念并身体力行之，成为学习的榜样。如果一位从教20年的教师还在重复其第一年的工作方式，这会是非常遗憾的事情——教师竟然把第一年的工作经历重复了20次。学习对我们每个人都很重要，力争优秀是我们的职业承诺。没有这种道德感，我们怎能真正地站在学生面前鼓励他们发挥最大潜能？学生会深刻地体会到伪善感。在世界各地，关于成功教学的知识在不同体系和不同国家，以不同的速度增长。无可争辩的是，教师是影响学生学习的关键因素。教师作为学生终身学习的榜样，能够而且应该持续不断地学习知识。

我没有特别的能力可以帮助你快速地改变工作方法，提高教学成果，我也不能保证你成功。如果你希望这是一本关于教学方法的指导用书，期望一旦你一丝不苟地遵循之，就会给你的课堂带来完美的蜕变，那么你不需要继续阅读本书。教育和生活远比这复杂。相反，我将读者和书籍视为伙伴关系。在这种关系中，读者与思想互动，创造知识，并将其熟练地应用在自己的教学情境中。我是英国人，也是一个提醒自己不可以将思想原封不动地从一个国家引入另一个国家的人。最近几年我在世界各地工作，看到了思想如何通过文化传译的方式进行传播。我看到了在一些国家较有成效的方法，在另一些国家却不发挥作用。在一些国家能够贯彻的理念，在另一个国家却遭夭折。我曾经在20多个国家工作过，如美国、加拿大和一些非洲、加勒比海地区的国家，我在中国、泰国、黎巴嫩、迪拜和牙买加等国家的工作时间相对较长。

鉴于我们都是经验的产物，而我们的知识、技能、态度和信念源于这些因素的相互作用。秉着公开透明的精神，我需要简要地介绍我的背景。正如小说家马龙·詹姆斯所言，"履历是我们的第三位家长"。我的履历又塑造了我的身份、经历和写作内容。

首先，我一直是一名教师。在40多年的职业生涯中，我有幸在不同的学校工作。我教过婴儿课程，也教过面向准大学生的高级课程。我在特殊学校和主流学校工作过，也曾在三个大学兼职。我曾在不同的学校担任校长，在英国的一个郡担任过资深督导和学校改革官员。在英国国家教学与领导学院成立不久后，我加入了该组织并担任助理主任，在那里我度过了五年美好的时光。在过去的12年中，我的工作与在英国工作的方式有所不同，我参与了不同国家和不同国际组织的有关教学或领导力的多个教育项目。在此期间，我还参与一些考核工作，一年之后重返领导岗位，确保自己依然能够做到言行一致。

我对教育有两种热情（这里暂且不提我对体育运动的痴迷），一是领导力，二是促进有效学习的教学。这本书主要关注后者。我讲过成千上万次课，有些成功了，有些则不太成功。我还有幸在20多个国家观摩2500节课，发现教师的投入、技能、知识和调动学生的能力至关重要。优秀的教师通常能够综合临场发挥和适应环境的技能，使课堂充满活力并与现实生活息息相关，这就是教学的艺术。优秀教师还拥有高度结构化的技能——教育科学或教学法储备。为使学生获得持久而长远的成功和积极成果，这两者都是必要的。

无论在哪所学校，影响教学效果优劣的关键因素具有相似性，它们反复出现在我的脑海：

- 教师个人的推动力和影响力
- 教师和学生们对学业成绩的期望
- 教师的自我期待和进步的内驱力
- 严格要求所有教师实施某种特定教学方法，有时效果可能适得其反
- 要让某种新的教学手段或技术发挥预期效果，必须先让教师充分参与到该技术的吸收、应用、操练和改进过程中
- 教学设计和教学实施需要因地制宜
- 对改善学校状况的研究认识有限
- 出现干扰因素，使大家无法聚焦于提供最好的教与学
- 教师孤军奋战，既得不到发展的支持，也得不到进步的挑战

- 教师获得的专业发展资源和质量差异巨大
- 师生们都要理解快乐和有效学习之间的联系

我相信循证实践，但研究者的工作通常被严重低估。我的证据来自两方面。一方面，源于我作为一名教师、观摩者、评价者、顾问、教练或领导的直接经验和对他们的反思。另一方面，源于现有的教育研究。我力求将两者尽可能地结合起来。本书独立于任何特定的教育系统，寻求解决具有普遍重要性的教学问题。不管在何地，与谁合作，我震惊地发现世界各地教育的相似之处远远大于差异。教师、学生、学习场所、课程设置、资源、领导力和社区环境是共同的因素，但他们组合的方式却有很大不同。不管是教有特殊教育要求的婴幼儿还是教大学生，我必须思考我的教学内容、支持学习的方法、有效利用时间、合理使用教学资源、科学地教学和学习评价等问题。

本书结构

本书每章遵循大致相同的框架。根据标题、纲要和预期收获，读者可以决定该章节需要详读还是略读，抑或直接进入后续章节。作者在撰写过程中有逻辑顺序，但是更重要的是读者自己决定学习的内容。各章节之间有关联和引证，因为教育的各方面本来就相互影响，但是每一章内容也可以独立阅读，成为学校教师解决某些特定问题的参考资料。

各章节的内容包括：

- 题目
- 引语

- 纲要
- 预期收获
- 迷思/认知误区
- 引言
- 案例分析与相关研究（案例来自多种不同的教学情境）
- 活动设计（一个以上）
- 课堂练习的注意事项
- 参考文献
- 补充书目

有些活动，本书的结尾处提供了一些参考案例，便于读者比较自己与他人的想法。有些活动，构成合作学习的基础。随着对教学科学和艺术更深入的理解，我的教学也取得了长进。我相信没有什么比好的理论更实用。我也知道教师们工作繁忙，而且缺乏明确适用性的参考资料不太可能被教师接受。所以写作本书的过程中我努力平衡教育理论和教学实践的内容。每章不仅详尽地提供参考资料来源，而且给出补充推荐书目，便于感兴趣的老师们深挖研究。除此之外，每一章节我都指出一个认知误区。在教学中，有许多未经证实但流传广泛的认知误区。我引用的这些观点在这个行业的不同时期经常被听到。在我看来，这些错误的观点是阻碍我们为学生提供优质教育的绊脚石。

本书读者被看作是学习过程中的积极参与者。我的观点与强调全校发展而非个人发展的艾利斯（2016）一致，艾利斯在其著作的前言中写道："每所学校的发展都需要制定自己的发展框架或者脚手架，而不是期待像火箭发射那样一飞冲天。"我写这本书的目的则是帮助读者在理解材料和过往学习的基础上，反思教学，巩固已有知识，发展新知识。学习与读者自身需求和背景知识直接相关，并受现有知识的影响但非限制。实践被称为知识的三大领域之一。阅读中，每位读者都会将自己已有的知识、理解和技能代入其中，而本书提供的材料又将进一步启发读者反思实践。通过与本书互动，读者将在实践中发展新知识、新技能，达成新的理解。

本书结构既适合小组学习又适合个体学习。教师或者有抱负的教师会由于某个章节的理念而协同工作。对于很多人来说，学习是一项效果最好的社会活动。最后一章将简要探讨专业学习共同体的价值和力量。

本书中，我回顾了一些用来说明不同教学观点的案例。绝大多数案例反映了我在不同国家、不同学校观察到的不同年龄段学生的良好做法。偶尔，我也会提供一些不成功的例子，因为我相信读者也能从中受益。作为一名领导，我会被有效率的领导者们激励，但也从另一部分领导中学到一些应该永远弃用的工作方法。有些案例没有被引用是因为内容太宽泛，并不符合特定情境。

成人学习

作为教师，我们有责任使用有效的方法培养学生，但我们也要确保老师熟悉和了解这些教学方法，这就涉及成人教育学。了解成人和青少年之间学习方式的差异是很有帮助的，下面这张表进行了一些对比：

表1-1 成人与青少年学习者

成人	青少年
拥有经验和背景	缺乏经验
有先入为主的思想和习惯	处于养成习惯的早期阶段
主动学习	在校学习
绩效驱动	结果驱动
通常对新理念反应迟缓	适应能力强
质疑	接受
可能愤世嫉俗	通常充满热情

本书中，我努力开发一种在教育领域比较缺乏的"学习语言"。医生和律师使用专业词汇，这些构成了他们专业讨论的基础。如果想成为专业人士，我们也需要专业词汇。这不是为了体现精英主义，而是为了充分发挥潜力开展碰撞智慧的讨论。作为指导用书，我将努力使其与教师专业发展相关，也与课堂相关。我希望第一个案例体现了该理念。

案例分析

我曾在一所小学担任顾问。该小学面临一些重大问题，上一任校长因身体原因离职，所以学校任命了一位新校长。新校长经验丰富，但她原来任职的学校比较小而且跟现在这个学校的环境也很不一样。新校长发现，部分有权势的家长并不欢迎她，而且这个学校的教育质量亟待提高，改革刻不容缓。

新校长了解学校的现状之后，提出改革的初步想法。她邀请我单独与她进行讨论，因为她怀疑其他的学校高层领导可能是推行改革的潜在障碍。她希望在他们参与进来之前，自己有更加清晰的思考。

诸多领域的问题需要解决，其中新校长的首要目标是将重心从教的过程移转到学的效果。这一简单的想法对该校老师来说是一个思维方式上的巨大转折，即关注结果而不是投入。她注意到，学校教师大部分认为自己的教学方法不需要改进，对学习效果不需要承担任何个人责任，总是批评学生不努力学习。

从教到学——从投入到产出

例如，教学计划详细地列述教师的课堂安排，但是关于学生学习目标却含糊其词。因此，没有依据准确评价他们的学业。对学业困难学生的评价一般比较笼统，通常是"必须加倍努力"或"加油"。因为学习成果很少以一种有助于讨论的、清晰的方式呈现，所以教师不能提出利于改进的实质性反馈。

改革的重点在于聚焦学生的学习。于是校长举办会议、开展讨论、观摩课堂。校长通常会问的一些问题包括："今天学生们学到了什么？""他们接下来要学习什么？"或者问学生："你们今天学到了什么？"她持之以恒地推动了改革议程，即从关注教学转向关注学习。（关于领导风格的更多内容，请参阅章节末尾的参考文献）这一理念逐渐被学生和教师接受，学生的接受能力更强。学校开始使用新的教案设计模板，并且在学校展示板、会议、表彰、作业批改和学生报告中都体现这种新的学习语言。改革已经迈出重大步伐，教师在教学中满足学生需求，学生之间、师生之间以及教师与家长之间开展了有意义的对话。教学与对话都明确地关注学生学习成果，并且为他们提供切实的学业帮助。

作为学校的观察员，我发现学生更加投入学习，师生关系明显改善。学习变得更加快乐。

活动

反思你从别人那里学到的关于教学的内容。此次学习过程中难忘的经历是什么？书后有一些供参考的回答。（见反馈1）

⊘ 注意事项

教师也许是最有价值的职业。大多数教师希望帮助学生带来改变：提升学习效果，提供更好生活的机会，分享自己的技能和经验。我们都接受过教师培训，但是教师需要终身学习。在工作中，我们每天都参与到数百次的与学生、家长、同事和学校领导的互动中。我们需要充分利用互动中产生的潜在学习机会，使我们每天所教的内容比前一天更多一些。为了激发学生对终身学习的热爱并且在每节课学到具体的知识，教师也在持续学习，体会不同时期的教学给我们带来的快乐和挫败。下一章的主题是教师的力量。

补充书目

Report on parental engagement-: https://assets.publishing.

service.gov.uk/government/uploads/system/uploads/attachment_data/
file/182508/DFE-RR156.pdf.

Adult learning-: https://www.learning-theories.com/andragogy-
adult-learning-theory-knowles.html.

https://www.diffen.com/difference/Andragogy_vs_Pedagogy.

https://heutagogycop.wordpress.com/history-of-heutagogy.

Three fields of knowledge - : http://www.compasselc.com/wp-
content/uploads/2018/10/Three-Fields-of-Knowledge-2018-09-07.pdf.

Leadership styles-: https://www.bfwh.nhs.uk/onehr/wp-content/
uploads/2016/02/Leadership-Styles-V1.pdf.

第二章　教师的力量

> "你曾真正拥有一位良师吗？一位认为你虽然未加雕琢却弥足珍贵的教师，一位视你为珠宝，认为你充满智慧并能打磨出骄傲光芒的教师？"
>
> ——约翰·琼斯爵士

本章纲要

本章强调教师每天，在每个教室，每一堂课所做工作的重要性。本章借鉴了近年来强调有效教学的国际研究成果，明确教师和教学行为的区别。本章聚焦教学的道德目的，人们底层价值观、态度和信念的重要性，以及对我们选择教师职业的影响。

预期收获

读者将：

- 认识到教与学的复杂性，并且致力于持续改进
- 认识到自己和他人的价值观是如何影响课堂教学的
- 评价教学的道德目的
- 反思提高教学质量的重要国际研究结果

引言

学校教育质量是我们（付费的专业教育共同体）保证青少年享有高质量教学服务的重要因素。教学不仅是艺术更是科学。我们要有与不同学生交流的能力，运用教学方法分享学科知识的能力。教学是一项富有挑战的任务。在每所学校，教师们努力帮助学生走向成功，但是教师常常工作繁忙，以致几乎没有时间共享每所学校中存在的集体知识，彼此之间相互学习。教师的主要职责是教学，应该花更多的时间将教学做得更好更强。行政和组织工作占用了我们教学中需要的时间和精力。本章聚焦影响教学效果的重要因素；下一章将仔细探讨教学过程中的不同方面。

认知误区：教师对学生群体的影响很小甚至没有影响。

教师的力量

麦肯锡项目小组（2007）开展了一项重要的国际研究，试图发现某些学校教育体系一直表现良好、进步较快的原因。他们研究了世界上25个不同背景的学校，其中包括世界前十强的学校。

研究发现成功的学校教育体系有三个共同特点，并在报告的前言部分指出：

- 学校的教育质量取决于教师的水准
- 提高学生学习效果的唯一方法是提高教学质量
- 让每个孩子都成功才是真正出色的教学

学校教育体系的重要性无须多言。同样的原因也适用于学校的微观层面。教师必须运用合适技能提高学生的学习能力，否则一所学校的水准不可能提高。学校如果想要成功，就必须满足所有学生的需求。

研究表明，无论处于何种文化背景，实现这些目标的最佳实践都是行之有效的，并且采取协调一致的行动可以取得快速进展。

麦肯锡项目小组（2010）的第二份报告关注学校教育系统的可持续发展。他们分析了世界上水平不一但是具有同样进步原因的20个学校教育体系。这份报告乐观地指出，不管学校的基础和环境如何，教育体系都可以得到提升。相比之下，单独改善教室和学校的硬件设施更加容易。

麦肯锡2007年的报告强调了基于教学法的教师发展重要性。它认识到这一要求的复杂性，也强调培训内容必须与教师的个人教学环境紧密结合，"将教师培训搬到课堂"和同伴学习。这将在第十一章详细解读。

为了学习的教学十分复杂。教师的作用会受到道德、技能等因素的影响。迈克尔·富兰撰写的关于领导力和改变的书籍强调教育中道德目的的重要性，例如，《变革的六大秘诀》（2008）。我们为什么要做这些事？我们为什么教学？高效能教师各有特点，比如，性别、年龄、动机、经历、投入程度、热情、技能、种族、信仰、性倾向等。低效教学的教师背景也五花八门。所以，导致差异的根本原因是什么？虽然，成功没有模板，但是有一些知识体系和技能却有助于提高教学成功的概率。首先，我们要把目光聚焦在教学行为上，而不是教师本人，教学行为才是带来变化的根源。传统认知中，教师和教学难舍难分，希望下面这个例子能让你更好地为此做好准备。

案例分析

在我曾经工作过的一所小学，学生的学习成绩差强人意。执行校长刚上任不久，他邀请我和他一起听课，了解全校的教学质量，并帮助制订改革计划。作为一位新校长，他想要确保他的评价都是正确的。我们观察了10位教师的课堂，我们对其中9位教师的优点和改进建议都达成了共识。唯一例外的是一位资深教师，她在学校受到同事们的尊重和爱戴，擅于与人交流，愿意付出时间，热情组织许多额外的志愿活动。

观察她的课堂之后，我和校长的评价截然不同。校长指出了诸多优点，却没有改进建议。我关注学生学习，提出了一些明显的问题。经过讨论，校长承认由于她的声誉以及他对她作为专业人士和个人的尊重，他发现对她的课程很难客观评价。他对她是一位好人、经验丰富的教师的感性评价，掩盖了他对这堂课缺点的真实评价。他关注的是教师而不是教学，更不是学习。一个好人并不一定能教出好学生，但是这确实是一个很好的起点。

评价的关注对象是教师还是教学，会使评价结果产生极大差异。如果你很熟悉这位教师，客观地评价就更难了。很多时候我们只是寻求对先前观念的佐证，为结论寻找证据，而不是基于证据得出结论。而当我们把听课的首要关注点放在学习上时，这种偏差就会小很多。当我们对自己或者他人的学习进行评价的时候，首先要关注学习，然后判断教师的教学是否能促进学习的充分发展。

麦肯锡项目小组（2007）引用了一项美国田纳西州的研究，这项研究有力地证明有效教学的力量。图2-1表明高效能教师（前20%）和低效能的教师（后20%）对一位中等生带来的学习差异。

> 所有有关老师效能的证据表明：跟随高效能教师学习学生的进步速度是跟随低效能教师学习学生的三倍。

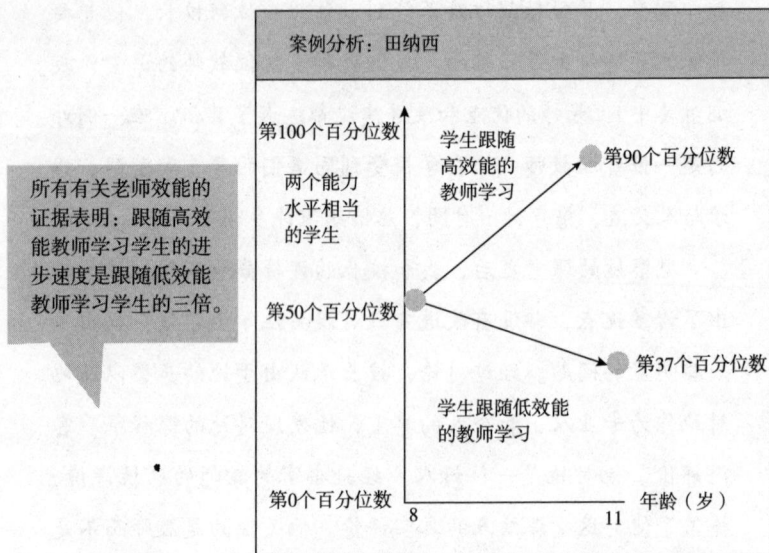

图2-1　教师质量对提高学生学业成绩的影响

图片来源：Barber&Mourshed. How the Best Performing School Systems Come Out on Top (2007), Sanders&Rivers, Cumulative and Residual Effects of Teachers on Future Stuents Academic Achievement(1996), OECD Attracting, Developing and Retaining Effective Teachers (2004).

该研究的对象是小学课堂，班主任教师负责绝大多数科目的教学。在三年时间里，不同老师的教学成效差异十分明显。在一个高效能教师的带领下，学生学习取得长足进步。相反，如果教师教学欠佳，学生的平均成绩就会明显下降。而且，小学阶段教学对学生的影响很可能会延续到中学阶段：

- 明显的技能和知识差距将影响未来的学习

- 学生对自己的学习能力失去信心

- 学生失去学习的决心

- 学生自尊心受挫

- 在学习和行为方面养成不良习惯

- 丧失对教育的信任和成功的能力

在高中，教师主要承担一门学科的教学工作，所以一位教师对学生整体表现影响不大，但校内差异依然明显。所谓校内差异，是指学生在不同课程领域的表现差异，即同一学生在某些课程领域的表现优于其他学生。这总是受教学质量及领导能力的影响，那么，在任何学校中，从最有效的实践者那里我们可以学到什么？

当然，教学并不是影响学习的唯一因素。我曾聆听过德福奇的一次演讲，他说一个孩子最重要的选择是选择父母。家庭因素固然重要，但并非一成不变，而且比起阶级和财富，父母的受教育水平往往是一个更有力的影响因素，即便如此，也有例外。我认识的一位教师，非常成功和富有智慧，但他的父母从来都没有机会接受任何正规教育。归根结底，对孩子的关心和兴趣培养是关键因素。父母成功、繁忙和富裕的孩子在物质资源方面一无所缺，但可能缺少关心和支持。以下因素学校几乎无法控制：

- 学生入校时的学习水平

- 学生营养情况

- 睡眠和运动习惯

- 在家的身体和情绪状态

- 学生在家使用电子设备的时间

- 朋友圈及其影响

- 学生已有兴趣

- 健康状况

鉴于以上因素，学校须与家庭紧密合作，通过提高家长意识和协同努力帮助学生实现学习机会最大化。实际上，背景相似的学生在不同学校学习，成绩可能有天壤之别，他们的学习成就并非是预先设定的。许多学校积极帮助学生解决和克服校外因素导致的学习困难，而部分学校则以这些因素为借口，逃避提升教学质量的责任。我难以接受教师把教学质量的问题归咎到他人头上，这意味着他们放弃了自己作为教育专业人士的核心职责。

案例分析

在印度的一处农村地区，有两所公立学校，相距约一英里。两所学校都招收来自相同地区的学生。一所小学校，招收12—16周岁女孩。另一所规模较大，招收12—18周岁的男女生。在女校，学生异乎寻常地缺乏兴趣，令参观者震惊。教师们说，这些女孩都是好学生，但因为来自贫困家庭，所以白天学习的知识会很快遗忘。教师们都希望能在生源更好的学校任职。

另一所学校的情况完全相反，学生和教师都非常积极和投入。学校的资源极为有限，高中班级规模又很大。在校某一年级，有80多人坐在地板上。但是，教职工和学生都很兴奋，也很乐观。所有人都喜欢学校，教师和学生们谈论了他们的家庭学校，校长被称为"大哥"。

令人印象深刻的不仅是学生取得好成绩，而且学校得到了家长的大力支持，许多家长允许（如果不是一直鼓励的话）年龄较大的女孩接受高等教育，在这个非常传统的地区是极不寻常的。这种差异可以清楚地追溯到领导的能力和教师对学生的期望。积极的领导促进了教师的积极态度以及积极的教学和学习成果。

价值、信念和态度

成为教师的动机多种多样，且因地区和国家不同的文化而异。可能是内在的或外在的原因，包括工作稳定性、社会地位、缺少选择、符合家庭期望、承担家庭责任、喜爱孩子、热爱学科、渴望提高学生学业成绩或更广泛的社会良知。我们的基本价值观、信念和态度会有意识或潜意识地对我们如何进行日常教学产生深远影响。

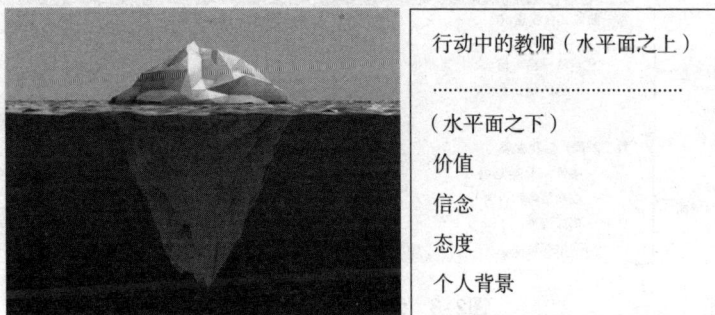

行动中的教师（水平面之上）

……………………………………

（水平面之下）

价值

信念

态度

个人背景

图2-2 价值观的冰山模型

教学的困难不应被忽视，特别是在特殊的环境中教特定的学生。但是，如果教师不相信所有的学生都能学好，学校没有能力解决学习者的个性特点和需求，那么他们就不可能有效地发挥教师的作用。以下问题有助于你认识到教师价值观的重要性：

- 你的基本价值观是什么？
- 你的价值观对教育、教学和学习观点的影响是什么？
- 你的价值观对日常教学有什么影响？

然后，你可以考虑一位与你价值观不同的同事，进行类似的分析。戈尔曼（2002）的研究在这方面具有很强的说服力。他强调了自知之明和自我意识对领导力的重要性，认为这是与他人有效相处的先决条件。在我看来，每位教师都是领导者，他们时刻要在课堂上引领学生。为了有效地管理课堂上无数次的互动，教师需要了解自己，以及计划（和实施）与他人交流的方法。教师不能因为孩子们制造了太多噪音而对他们大声喊叫，这无异于南辕北辙！情商对教师和学校领导同样重要。

	自我属性	社会属性
正念 感知层面	**第一阶段：自我意识** • "过滤" • 选择情绪、信念、行为和 　行动的能力意识	**第三阶段：社会意识** • 意图与影响 • 认知改变 • 理解他人 • 组织意识和服务意识
赋权 行为层面	**第二阶段：自我管理** • 事件＋回应＝结果 • 改变信念和行为 • 情绪选择 • 决定和行动	**第四阶段：关系管理** • 影响 • 冲突管理 • 合作

图2-3　戈尔曼的情商模型

教师需要社会意识和责任担当。教师的信念源于其价值观并渗透到课堂教学中。

有效教学的关键是对每个人充满高期望——不是和别人比

较——而是对现有表现的进步期望。我热爱跑马拉松，但从来没有达到自己三小时内完成全程的目标。如果我现在与一个有高期望的教练一起训练，他也许会重新确立三小时的目标。但随着多年运动的结束，这成绩对我来说已经完全不现实。一位有效的教练会提高期望，会从我现在的水平、我设立的目标开始，而不是拿我和别人比较。

1968年，罗森塔尔和雅各布森开展了一项有关期望的有趣研究。今天，这样的研究在伦理上不可接受，包括对学生进行任意分组。教师们得到的信息是，一组学生成绩优异，而另一组则不是。实际上，这些学生是随机均衡分组的。几个月之后，学生们第二次接受测试，那些被描述为具有较高能力的学生再次表现优异。自我实现的预言得到了证明。

教师的力量是强大的，影响着学生的生活。他们的信念体系是力量的核心组成部分，也是行动的驱动力。

活动

回忆你当初决定当教师的原因。把它们列出来，并记下你可能会对教学做出的一个改变，以帮助你把这些原因留在脑海里和反映在课堂上。

案例分析——我最好的老师

在许多工作坊中，我设计了"我最好的老师"主题活动。该活动总是引发积极而富有成效的讨论，并为后续分析提供了基础。但是直到现在，我自己还没有完成过这个活动。我想起自己14—16岁时候的英语老师。他谈不上魅力十足，也没有超越生命的追求。他为人稳重、体贴、值得信任、善于分析、对学生感兴趣。他对散文的评论简短而深刻，积极而有个性。有一阶段，我们学习戏剧《恺撒大帝》，这是考试文本。我们讨论了恺撒的身体缺陷，老师还提供了一系列参考资料。老师没有强迫查阅资料，但是我很感兴趣，我知道我在努力地以系统的或基于证据的方法写关于文学的文章。我不时地抬起头，写下一些引用。我学到了许多，并因此更加自信地发表意见和写出符合事实的文章。幸运的是，试卷中一道考题正是基于这个问题。我决定选择英语语言文学作为一门A Level课程，以前老师的教学为我扩展学习打下坚实的基础。遗憾的是，虽然我仍然热爱文学，但我在大学里没有选择英语专业。这位老师还在年度会议上向我父母建议我可以成为一名教师——这是我之前从未考虑过的职业。我欠这位老师太多了。他默默地帮助我学习，告诉我可以尝试的职业，让我走上一条帮助他人的道路。

◎ 注意事项

教师具有巨大潜在力量，能对学生产生短期和长期的影响。作为教育专业和职业人士，我们肩负着道德责任，那就是始终做到最好，为学生提供机会。我们不能把责任推卸给学校的其他人、家人或学生自己。教师对学生的成绩有显著影响。对于那些在家庭环境中较少接受学习支持的人来说，潜在的差异更大。

在深入地研究特别有效的教学技能之前，我们需要明确培养怎样的学生，这是下一章的基础。

补充书目

Critique of McKinsey research https://www.researchgate.net/publication/233185152_Why_the_McKinsey_reports_will_not_improve_school_systems.

Desforges, C. (2003) The impact of parental involvement, parental support and family education on pupil achievements and adjustment: a literature review. https://www.nationalnumeracy.org.uk/research-impact-parental-involvement-parental-support-and-family-education-pupil-achievements.

Fullan, M. (2013) Motion Leadership in Action. London: Sage Publications.

Jones, J. (2009) The Magic-Weaving Business. London: Leannta.

第三章　我们需要怎样的学习者?

> "成为一名好的学习者不仅仅是学习一些技巧，比如思维导图或大脑锻炼，而是关乎全人发展，包括态度、价值观、自我形象、人际关系，以及相关的技能和策略学习。"
>
> ——盖伊·克莱斯顿

本章纲要

在本章中，我们将讨论学习的意义以及在现代生活中获得成功所需要的学习技能。虽然教育是创造学习，但我们极少讨论学习的意义。我们将首先审视学习的定义，然后探究学校里需要怎样的学习。在这个不断变化的世界里，人们越来越注重技能而不是知识，也越来越注重终身学习，我们两者都需要。除非我们清楚想要怎样的学习和成为怎样的学习者，否则我们无法计划或提供有效的教学。

预期收获

读者将：

• 思考学习的定义

- 写下自己对学习的定义
- 思考生活中获得成功所需要的学习技能
- 确定如何在自己的教学中发展学习技能

认知误区：学习是一种学生个体的活动，教师能做的微乎其微。

引言

大多数的教师都遵循国家课程、教育部考试中心课程或两者的结合体在按部就班地进行教学。作为教师或学校领导者，我们很少有机会退后一步，思考我们对学习的理解，或者我们希望在学生身上发生怎样的学习。作为教师，我们大多是早期教育体系的成功产品，这种体系在当时是合适的。但当今世界正在以指数级速度发生变化，我们需要思考原先的教学方法是否还适用于在与我们所经历的完全不同的世界里长大成人和为人父母的年轻人。

什么是学习？

在研究所谓的"21世纪学习技能"之前，有必要考查一下学习的定义。

- 学习是指通过考试吗？
- 学习是有关自我实现吗？
- 学习是事实的习得和重复吗？
- 学习是找到做事的新方法吗？
- 学习对所有学生含义一样吗？

赛利欧（1979）在成人学生中开展了一些有趣的研究，问他们学习的定义。答案各有千秋，主要分为以下几类：

- 增长知识
- 记忆信息
- 将自己的想法与他人和现实世界联系起来
- 以不同方式理解知识
- 重新解释知识

前两项比后几项更容易受到限制，因为主要是关于事实的重现。这是我们通过考试和进入高等教育所需要的！第三部分假设学习必须是功能性，介绍了学习中思想的相关性和互动性。人们不禁要问，著名的发明家们对这样的定义会有怎样的反应？从定义上讲，大多数创新都是领先于时代的。后两个建议不仅是关于获取知识，而且是将其整合到现有的学习中，以便在理解和行动上有变化（参考建构主义学习理论）。感兴趣的读者会喜欢研究关于学习的不同理论流派间的差异，特别行为主义和建构主义这些教育理论之间的差异。

普理查德（2009）对学习的定义如下：

- 由于经验或实践而引起的行为上的改变
- 知识的习得
- 通过学习获得的知识
- 通过学习、教学、指导或经验获得知识或技能
- 获取知识的过程
- 行为被改变、塑造和控制的过程
- 基于各种来源的经验构建理解的个人过程

在许多方面，成人通常把学习与学术智力联系在一起，但人

们越来越意识到，学习和变得聪明的范围远不止于此。斯滕伯格（2000）提出智力三元论：

分析性智力——解决问题和判断观点的能力；

创造性智力——对问题制定新的或不同解决方案的能力；

实践性智力——能够在不同的环境中运用想法并有效实施的能力。

这样的例子在我的家庭生活中比比皆是。我是长子，在学术上发展不错，而我的二弟对学术没有兴趣，但是擅长制定和实施实际问题的解决方案。我在书上理解了电和力的理论；他知道理论在现实中的含义。我们的小弟是我们俩的完美结合体！作为教师，我们需要在学习的不同方面支持学生，培养他们的能力。当涉及实际行动（不仅是学术研究）和需要理论联系实践的实际问题出现时，这种情况就会发生。在学校里遇到真实问题是困难的，但学生们需要认识到，除了通过考试之外，学习与他们的现实生活有着怎样的关系。在现代社会，要想变得聪明，就需要能够迅速适应环境。

教师必须关注学生所能取得的最大进步。在许多国家，考试成绩已经成为衡量成功的强迫性标准，这在课堂中都得到了反映。在这些课堂上，答案正确是最重要的。然而，正如著名企业家雷·达里奥（2017）指出，"错误是自然进化过程中一部分，没有错误，失败的意愿（以及从失败中反弹），成功的机会都是有限的"。肤浅的学习可以由教师严格控制，但学生在更深层次的学习中，必须把新知识与现有的知识、技能和理解结合起来。这是一个更凌乱，但更有价值的过程。

达里奥提出：痛苦+反思=进步。

如果问责制过于重要，学生将丧失长期深度学习的机会，更多地停留在通过考试和为了证明学生、教师和学校能力的短期和浅层学习。

活动

写下你对学习的描述或定义，然后反思它对你的课堂教学的影响。

将你的答案与书末的反馈做比较。（见反馈2）

案例分析

我曾在一所国际学校与一位物理老师共事。他对自己的课程内容如此狭窄感到不满，他觉得学生们对物理的兴趣以及物理与现实生活应用的相关性正在减弱。他希望改变为了考试而不断重复内容的做法，并在教学中采用更有创造性的方法，即要求学生进行更多的调查研究。他将为学习提供支持，而不是提供所有答案。这一改革得到了学校领导层的支持。

第一年，学生的考试成绩略低于往年。在与学校的辩论中，他坚持自己的立场，认为自己的思路正确，很多学生还需要更多时间习惯这样新的学习方式。学校尽管有些勉强，但还是批准他继续这项创新。之后，考试成绩开始提高。更重要的是，学生们享受了挑战，更多的人在更高的水平上成功地学习这门学科。满足教育部的要求和深入学习之间不应该有矛盾，可悲的是，许多教师每天都承受考试的压力。他们的课排得满满当当，教学忙着从一个话题转到另一个话题，却没有时间实施更深层次的学习活动，大量的时间被分配用于预习、复习和完成考试相关的任务。

活动

在学校里没有什么比教学更重要。（为学而教，或学与教）你们学校或部门有教学或学习政策吗？如果没有，为什么学校管理的方方面面都有政策，但核心的教学活动却没有？我们将在本章的后面再次讨论该政策，现在请你先写下教学政策应该包含的内容。（参见附录1，获取制定该政策的模板）

为不断变化的世界学习技能

如前所述，世界正以指数速度发生变化。一个名为"转变发生"的简短视频，概述了一些已经发生、正在发生或即将发生的变化（参见本章末的补充书目）。许多在校生将从事尚未出现过的工作。与他们的父母相比，他们更有可能在全球相互依存的环境中工作，更换工作也更加频繁。知识越来越瞬息万变，技术既有可能带来正面也有可能带来负面的巨大影响，取决于开发和使用它的人。

活动

世界日新月异，你认为你的学生要成为成功的公民、父母、职员和个人，什么技能是必备的？在继续阅读前请简单列一个清单，书后我也提供了一些建议。（见反馈3）

哪怕你教幼儿园的孩子或者小学生，也可以列一份这样的能力清单。低年级的学校教育对于养成学习的习惯和态度至关重要，所有的技能都可以从小培养。例如，在最简单的层面上，小孩子可以决定自己何时拼写单词，当他们确信能做到时，他们就可以把这些单词涂上阴影。自我认识、责任和承诺都是通过这些简单活动而产生的。

你的清单上列了什么？

独立学习者？要想成功，你必须与时俱进。知识和实践变化如此之快，以致在人生某一阶段所学到的知识在不久的将来可能会过时。学生需要学会自己搜索信息。你的课堂是帮助学生发展独立学习的技能，还是教师提供所有的答案？

终身学习者？在不断变化的世界，我们必须持续学习。如果我们不随世界而改变，我们就会落后。这将影响我们作为职员、父母、朋友和公民的地位。学习是通过经验来改变行为，在正式教育完成后，许多行为将以非正式的和个人的方式发生。你们的课堂是否帮助学生了解自己的学习并从他们的成功或失败中获益？

团队合作？很少有成人单独生活或工作，团队合作一直是人类社会的自然现象。我们将越来越需要与其他国家合作以取得进展。有效的团队合作需要多种技能。你们的课堂是否为学生提供了在不同的团队中一起工作的机会？是否培养与他人有效工作所需的必要技能？

自我意识？如果学生想成为有效的、独立的学习者，他们需要了解自己的学习情况和之后需要完成的任务。教师越能通过学生的自我理解赋予他们力量，就越容易保证提供合适水平的教学。作为学习者，你如何保证不同年龄和不同能力的学生都能增进自我理解？

你可能还提到了一些特殊技能，比如研究、批评、解决问题的能力或其他与你的教学领域相关的技能。你的学校是否有一个明确的、有计划的方法来学习跨越传统学科界限的技能？我们将在有关课程的章节中更多地讨论跨学科的问题。

21世纪学习素养

21世纪素养是学生为了在信息时代获取成功而培养的一系列能力。21世纪素养合作组织列出三种类型技能：

表3-1　21世纪素养的三种类型技能

学习素养	读写素养	生活素养
批判性思维	信息素养	灵活性
创造性思维	媒介素养	主动性
合作技能	技术素养	社交技能
沟通技能		生产能力
		领导力

表3-1不是永恒不变的，而是变化发展的。学习素养类别下的"4C"（如表3-1所示）通常被视为21世纪素养的核心，富兰（2018）将这一概念扩展到"6C"，加入了品格和公民意识。这些素养首先是基于大量雇主的反馈，有助于提高学生未来的就业能力。同时，它们也被视为引导教育变革的指南针，可以通过更高层次的思维素养、学习者的自我理解和学习能力来发展更深入和更有效的学习。

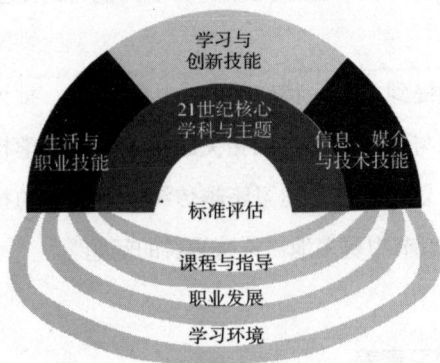

图3-1　21世纪的学习素养

图片来源：https://k12.thoughtfullearning.com/FAQ/what-are-21st-century-skills.

有关21世纪素养的批评，关注的不是素养缺乏吸引力或者价值，而是愿望和教育现实之间的巨大差距。例如，普林斯基（2016）指出，素养在很大程度上与我们所知的教育不相容。即使是致力于通过真实任务帮助学生发展素养的教师，也没有给学生真正学习的机会。他通过www.globalempowerkids.org网站上刊登的例子，说明学生通过解决现实生活中的问题来学习和成就学生。对大多数学校来说，要将教学和现实紧密联系的路还很长。在这个阶段，我们需要考虑如何将现实生活引进课堂，即使它不完全是真实的生活。

富兰（2013）在他的《平流层》一书中讨论教学法、技术和改变知识的潜在强大组合，从而带来更多的学习机会。对于那些生活在21世纪，以及他们将生活在下个世纪的后代学生来说，以下几个方面将加速我们对发展素养的需求：

1. 技术。在越来越多的国家，年轻人与科技的关系紧密。对他们来说，技术通常与沟通有关。即时信息和错误信息既有好处，也有危害，我们将在第十一章详细讨论技术。但年轻人必须了解技术的陷阱和吸引力，并拥有在不同媒体上应用批判性思维的能力。人类必须控制技术，而不是技术控制人类。同时要记住，"有了工具的傻瓜仍然是傻瓜"。富兰（2013）提醒我们，与机器人结婚可能会成为未来生活的一个特征，这种情况已经在日本发生。我们在多大程度上使用技术，更重要的是，在理解和使用技术对于工作实践至关重要的世界中，我们如何支持我们的年轻人？我们是否经常使用技术促进学习？在一个发展中国家，一些女孩在安卓手机上观看了互动教学的视频，印象深刻。她们把视频发给老师，老师看到了互动教学的优点，这就激发了改变的想法和开展积极的实践。合作和伙伴关系结合技术和开放的思想，将给课堂带来真正的变化。

2. 道德约束。在这个世界，人类成长的速度越来越快，地球正在遭受无法弥补的破坏。富人越来越富，国家内部和国家之间的贫富差距日益扩大。如果年轻人要远离那些前人制造的危机，避免领导人所宣扬的过于简单的对错方法，就需要有社会意识、同情心和道德目的。在我们的课程中，我们有时间讨论更广泛的道德问题以及我们个人和集体对创造一个更美好世界的责任吗？我们是否可以自由地提出这些问题，或者是否有政治责任限制此类讨论？

3. 全球化。世界变小了，经济和社会比以往任何时候都更加相互依赖。这主要是由于技术进步和巨大的跨国公司出现，这些商业帝国的影响力遍及各大洲。可悲的是，在国家关系中，竞争而非合作占据主导地位。无论是在学业成绩、地位、武器购买，还是在生活各方面对持续增长和提高生活水平的无尽期待上，国家试图将自己凌驾于他国之上。作为教师，我们是否了解国际上关于有效实践的研究结果？

4. 改变。我们对变革带来的问题或如何有效地领导和管理变革知之甚少。教师是变革的推动者，学生是未来更强大的变革推动者。我们是否在帮助学生反思并理解改变？我们是否如此抗拒改变，以至于相信复制自己的教育就足以满足我们未来的公民？自从我开始撰写此书，新冠肺炎已经永远改变我们的生活和我们的世界。

5. 未来的思考。在瞬息万变的世界里，事物很快会过时。学生们需要更加灵活自由、思想开放，才能够看到发展的全景。一个以学科为基础的课程体系为这种可能性设置了障碍。作为教师，我们能否帮助学生看到全貌，且以积极和现实的态度为自己的未来做决定？

6. 领导力。从历史上看，领导力与少数人联系在一起，最重要的是，与外向、强势的人（通常是男性）联系在一起。领导力的存在有好处或坏处，多数情况下是两者皆有。最近教育领域关于领导力的文章很多，它们打破了领导力的神话，认识到领导力就是影响他人，赋予他人权力，也与创造能力相关。我一直认为，不仅教师在课堂上是领导者，而且绝大多数成人在某种程度上也是领导者。我没有接受过任何关于领导力的培训，就开始担任领导职务。我经常在工作中学习，有时是在犯错误之后学习。如果我们的学生要了解如何去领导别人，他们就必须对自己有真正的、深刻的和持续的了解。这样，他们作为学生的能力和成人生活中的能力就能更有效发挥。我们在多大程度上培养了学生的领导能力，或者我们是否将学生视为我们专业知识的被动接受者？如果学生们积极地与成人进行真正的领导合作，我们的学校会成为怎样？你能在课堂为学生创造怎样的领导机会呢？

邓肯和卢卡斯（2015）指出：“如果你希望你的孩子培养基本的学习技能和学习态度，你就必须努力。”例如，给学生提供机会，运用这些技巧，这样会取得较好效果。

考试的重要性和影响力不可能减少，而对成绩的外部评价仍将偏重于知识的接受以及对个人、学校、地区和国家的排名。然而，也有一些乐观的情况，例如，国际学生评价项目（PISA）目前评价学生的全球和文化意识、幸福感、核心读写能力和数学技能。分析过程、呈现结果以及分析原因是非常有趣的。希望这些课程不是为了在新领域培养应试技巧而设置。2019年公布的调查结果显示，英国在核心学科的排名上升，但获得优良成绩学生的幸福感却明显降低。

对世界上许多体系的教师来说，问责制压力很大。教师的成功被简单地使用课程结束时的外部评价界定。因为政府部门、管理人员、学校领导和家长们一直在施加压力，他们希望通过简单的分数来确保排名的安全性。压力的来源不太可能消失，但是，在教师层面上，可以通过适应外界评价和课程实施来选择上课的重点，最好能够得到部门或者学校的方法支持。我们常常从课堂之外看到强加的东西，却无法对其必然性提出质疑。失去权力的教师通常会使学生失去权力。

投入的学习者

来自美国的研究（哈蒂，2012）表明，学生在校学习越来越不投入。在西方国家，学习不投入通常表现为行为不端、缺课、辍学和成绩差。而在有些国家，学生不投入可能不那么明显，因为他们只是没有积极地参与。应该指出的是，学生退学往往归咎于社会和经济原因，与教学质量几乎没有关系。

如果评价只包括记忆和反刍，结果可能看起来比较合理，但是缺乏更深层次的学习或技能发展评价。参与是学习的核心，随着学生年龄的增长，教与学的相关性越来越明显。这也是为将来的生活做准备。学校是相对安全的庇护所，学生可以在安全而宽容的环境中做实验和学习。如果离开学校后才开始解决毕业后的学习要求和寻求机会，那就已经太晚了。（我们将在下一章探讨教师让学生参与方面的作用）

"创造力、激情和目标也必须蓬勃发展。我们可以通过逐步建立一种教学模式来实现目标。并且随着学生年龄的增长，在改革推动者或导师的引导下，他们将更加专注于解决现实生活中的问题。"

案例分析

尽管处理现实生活中的问题通常与年龄较大的学生有关,但这种能力可以从年幼的学生开始培养。年幼的学生往往具有孜孜以求的探究精神。我曾在一个炎热国家的一家幼儿园工作。某一天突然下起雨来,所有年龄段的学生都十分激动。他们不但停课,而且在室外享受秋雨。幼儿园的孩子们喜欢淋雨,其中一个孩子问老师,为什么雨伞能防止人们被淋湿。老师把这个问题抛回给了孩子,并暗示他和他的朋友可以自己找到答案。孩子们变得兴奋,很快开始思考什么材料最适合制作雨伞。

接下来的几天,他们带来了许多测试材料,问了老师关于实验用品等重要问题,然后设计了实验。把一定数量的水以恒定速率倒在大小差不多的材料上(切割和测量对于年幼孩子来说仍然是一个挑战),然后收集渗透到材料中的水。在决定使用什么材料最有效之后,他们试图更多地了解这些材料。于是,他们又开始研究哪种材料能最有效地保护我们不受太阳紫外线的伤害,以及为什么动物不会被晒伤。这是培养未来科学家和设计师的基础!教师并没有主导活动,而是通过一个恰当的问题激发了与现实生活相关的学习。

关于探究式学习的价值有很多争论。哈蒂等人的研究表明,这通常不是一种有效的学习方法。主要是因为它松散的结构和教师的干预不足以支撑起学生的学习进展,结果是浪费大量的时间和精力。在之前的例子中,教师提供了支持孩子独立和成功学习所需的脚手架。这些技能是微妙的，但是都是基于高度的和现实的期望，基于对学生的全面了解，包括他们的潜力、学习发展和学习环境。

影响学生参与度的原因有很多，但最重要的原因是师生之间的关系。正如哈蒂（2012）在专家教师部分的描述，一直强调学生信任教师的重要性，师生关系是发展最佳学习氛围的关键因素。专家教师很快会被学生们认可，学生的成绩也因此提高。专家教师还能够：

- 使学生理解学习的目的
- 使学生的学习与现实生活相关
- 让学生参与评价自己的进步
- 发展合作和独立工作的机会
- 提供有效的反馈
- 用适当的方法使挑战与支持并存

教师是学习过程中最重要的协调者，同时让学生在公认的框架内对细节有更多的掌握权。

那么，作为教师，我们应该怎样才能让学生终身有效地学习，同时又能符合学校内部或外部的知识评价系统的要求？当然，这在很大程度上取决于每位教师所处的环境。第十章将讨论跨学科方面的内容。以下问题有助于思考如何在现有的教学框架内培养技能：

- 学生在该主题的学习情况和学习经验如何？
- 如何使该主题与学生的经历和生活背景相关？
- 该主题与现实生活有什么关系？如何展示？
- 如何利用科技来扩展学生对该主题的知识经验？

- 该主题可以教授哪些特定的技能?

- 该课题有哪些研究机会?

- 该课题有哪些合作学习机会?

- 该课题有哪些创造性学习机会?

- 学生有提问和回答问题的机会吗?

- 如何在包括技术在内的主题中培养批判性思维?

- 如何构建选择元素?

- 培养领导力的机会有哪些?

- 有培养解决问题能力的机会吗?

案例分析

我有幸参加了一所小学的全校大会,该校以技能教学为基础。这不仅体现在宣传材料、与家长沟通、学校和教学计划中,而且最重要的是体现在课堂上。大会的主题是侦查工作和证据收集。大会由两名9岁的学生主持,(在一个更大的学生团队支持下)他们制作一段视频,扮演侦探角色去观察学生在课堂上是否真正解决问题,实现学校所倡导的愿景和使命。

视频显示,他们在进入教室、为工作中的学生拍摄影片、采访学生和老师之前,仔细解释了他们的期望。除了娱乐性强的节目主持人,谁会有充分的信心站在大型舞台上做这样的工作?大会给学生提供了很好的机会,让学生发展创意并实际应用各种技能,培养协作能力、团队合作、策划能力、沟通能力和演讲技巧。包括家长和教师在内的400余人出席了大会。大会也非常有效地提醒了学校致力于整个课程中发展21世纪学习技能的承诺。

"4C"原则

让我们依次来看看21世纪学习的"4C"原则，并研究如何将这些原则融入课程中。

沟通

学生在课堂上有多少发言机会？教师提了足够多的问题吗？是否只有一位学生有回答机会，而大多数人都保持沉默？教师安排讨论环节，让更多学生参与，并帮助他们完善想法。通过让学生在第一反应中参与，你就能发展出一种不完全由教师控制的对话，在这种对话中，至少有50%的对话是由教师进行的，通常情况下还会更多。因此，你能避免我所说的"乒乓球式问答"，即每次互动都始于教师（在第七章中将更全面地探讨这种想法）。

• 学生们有多少提问机会？能否不仅提问不理解的内容，而且提问相关拓展学习？

• 学生们在课堂上给小组提出问题，同时接受同学的挑战，他们能从中获益吗？

• 学生有多少机会在支持性的环境中发言，而不仅仅是在考试场景中？对观众不熟悉会降低演讲过程中的自信和表达吗？

• 在整个课程中，为培养学生在各种不同的场景中的沟通技巧，教师提供了多少发言机会？

创造力

有些学生在什么环境下都能发挥创造力。但是，大多数学生需要教师提供欢迎和鼓励创造力的环境。一位有创造力的教师会创造提高学生创造力的学习机会。许多年前，我最初教书时的一位同事，她在黑板上用漂亮的字体写下她想让学生们记在书上的内容，然后每隔五个字就擦去一个字，作为对他们的挑战和所谓的学习机会。她在每一堂语言课上都开展这项活动。即使是通常被动的学生也变得叛逆起来，并将他们的创造力转化为对课堂的破坏。

创造性的提问为真正的学习创造了机会。生物老师在一节关于消化的课上提出了一个大问题："没有胃，人能活吗？"这是有趣的挑战，将支撑学生未来的学习。历史老师要求学生找出两个不同时代历史人物之间的相似之处，就像教师要求学生找出狮子、大象和人之间尽可能多的相似之处一样。

有创造力的教师会找到不同的方法帮助学生展示学习成果，而不是使用单一的方法。例如，用日记记录著名历史人物一天的生活、奶酪三明治的消化过程，或大象在自然或圈养环境中的活动。在科学领域，是否所有的实验都需要以一种固定的格式写出来，还是可以用要点或卡通形式来完成？录音的目的是方便学生记录他们听到的内容，他们可以通过其他方法做到更好。方法可以多样，但是我们的方法需要符合要求和发展创造力，且不能忽视必须发展的一系列技能和学术严谨性。平衡和目标至关重要。

合作

团队合作、科学研究和辩论不仅有助于培养创造力，而且为交流和合作提供了机会。在小组作业中，学生是和旁边同学交流还是和所有组员彼此合作，互相学习？他们是在为彼此和整个团队负责，还是只在自己有问题时才交流？如果他们参与了合作，是否有固定的分工？你确定评价个人表现和对集体的贡献的方法了吗？

一些教师仍然认为合作就是作弊。在世界上许多国家，一排排的课桌仍然占主导地位，学生只能和身边的很少几个同学讨论。学生是和固定同伴合作，还是随着时间的推移，有机会与不同的同伴合作？

批判性思维

课堂上，教师通常是权威和知识的源泉。考试是一种规范和基于知识的评价，题型大多数是判断题。这样，批判性思维的机会极少。然而，批判性思维是许多学科的核心。

- 历史学是建立在证据检查和解释的基础上的学科
- 地理学也是基于证据的学科，在环境方面可以进行多种解释
- 科学研究具有客观性，但是得出的结论越来越多与道德相关
- 文学是关于行为和人物的诠释
- 政治学和公民学是关于法律、规则和行为的解释

当今的世界，观点两极分化严重。各种观点都以事实的形式呈现，所以批判性思维至关重要。如果我们要发展新思想、新工

作、新技术,我们就必须通过挑战现有思维、设计新方法和新思维来提升创造力。留在正统世界里也许能保证考试成功,但对个人对未来生活的准备来说将是灾难性的。

问题,或者思想的开始,比如:

- 怎么办?

- 想象

- 告诉我将会发生什么?

- 对比

- 如何?

- 你的看法是什么?

- 为什么持有这样的观点?

- 原因是什么?

- 还是别的选择吗?

活动

详细介绍你可以在课程中发展"4C"的一些方法。

🔍 注意事项

作为教师,我们的责任之一是帮助学生为更广阔的未来做好准备。考试成功是学习这场旅行的重要通行证,但不能以牺牲更深入的终身学习为代价。未来学习的技能已经被勾勒出来,需要巩固我们所教的内容和教学方式。为了提高效率,我们需要将基于知识和技能的课程转变为培养可转移技能的终身学习课程。为了解决将来可能出现的重大变化，我们需要知识、技能、承诺和勇气，让课程与未来的公民相关。

学生在学习新概念和新技能时需要知识。如果没有知识，就不可能发展理解力。教师依然需要传授知识，但有效的学习不仅仅是对事实的理解，更是知识的应用。

我们每个人都将从教学检查中受益，并推动系统在部门、学校、地区或国家层面上向前发展。除非我们把21世纪的学习技巧运用到教学中，否则我们的学生将不会有什么改变，他们的学习将越来越局限于过时的、不足的，甚至是不恰当的知识。教师可能不知道学生心里的想法，但是他们需要尽其所能去评价正在发生的事情，帮助学生了解自己，与自己合作，并为自己的学习负责。第一步是关于学校希望培养怎样的学习者形成一致的看法，这将影响课程设置和课程教学。下一章将重点探讨21世纪学习者所需要的教学方式。

补充书目

Fullan, M. (2013). Great to Excellent: Launching the Next Stage of Ontario's Education Agenda, https://michaelfullan.ca/wp-content/uploads/2013/08/New-Pedagogies-for-Deep-Learning-An-Invitation-to-Partner-2013-6-201.pdf.

Robinson, K. (2011) Out of our minds; Learning to be creative. Chichester, Capstone.

Ken Robinson - TED talk, https://www.ted.com/talks/ken_robinson_says_schools_kill_creativity.

Defining 21st century learning skills, https://www.edweek.org/tsb/articles/2010/10/12/01panel.h04.html.

Guy Claxton - expanding the capacity to learn, https://docs.wixstatic.com/ugd/84a7e9_7c2c7b0cb542445cb3e972c2f7180709.pdf.

Scotland's plans for creativity, http://www.creativescotland.com/-data/assets/pdf_file/0019/21394/Scotlands-Creative-Learning-Plan-2013-v-d4.pdf.

Griffiths, A. and Burns, M. (2013) Engaging Learners. Carmarthen, Wales: Crown House.

Constructivist learning available at:

https://www.niu.edu/facdev/_pdf/constructivism.pdf.

https://www. learning-theories.com/constructivism.html.

Shift happens, https://www.youtube.com/watch? v=u06BXgWbGvA.

Students addressing real-life-issues, www.globalempowerkids. org.

第四章　我们需要怎样的教学?

> "一个教师对人的影响是永恒的；我们永远都不知道这影响会止步何处。"
>
> ——亨利·布鲁克斯·亚当斯

本章纲要

本章是具体教学要素系列章节中的第一章，主要包括教学艺术的一些关键性、基础性的知识，尤其着重于如何吸引学生学习并营造有效的学习氛围。哈蒂的研究（2009，2012）将被多次引用，因为它是世界上规模最大的对影响学生成绩的因素的分析。此外，本章还将探讨如何构建有效的人际关系，包括建立信任和课程结构。

预期收获

读者将：

- 确定如何最有效地吸引学生
- 探索如何在课堂上创造新文化
- 反思自己的课堂，以及理想和实际之间的差距

• 探索合作学习以及如何将其引入课堂

认知误区： 伟大的教师必须具有超越生命的人格。

引言

既然我们已经至少在大体上确定了我们希望在学校中看到什么样的学习，我们就需要确定什么样的教学将产生这些结果。你会注意到我用的是动词"教学"而不是名词"教师"。这是经过深思熟虑的，因为教学行为，即教师的实际行为，是可以观察道德，并能够修改、发展和评价的。有效的教师在性别、经验、年龄、身体特征、声音、个人兴趣、性格等方面并不相同，反而差异很大。伟大的教师必须具有超越生命的人格，这是个认知误区！有一位大家公认非常优秀的老师，她说话很轻柔，在一开始做教师的时候遇到了很大的挑战，她觉得自己教的高中生们非常吵闹，自己说的话没有效果。后来在同事和领导们的帮助下，她逐渐培养了自信和技能。现在，她依然是静静地说话，从不提高嗓门，但无论在哪里工作，她都可以立刻引起学生们的注意。作为专业人员，我们应该把高效的教学当作工作理念的一部分。

观察教学与学习

当我听课时（我经常享有这样的权利），我会问自己同样的基本问题：

• 学习正在发生吗？

• 是否有足够的学习正在发生？

- 教师到底在做什么？是激发学习还是抑制学习？
- 所有的学生都在学习吗？

有效的教师能让学生产生有效的学习。在我迄今为止所观摩的众多课程中，我只记得有一例是在教师主导输入的情况下，学生仍进行有效的学习。

案例分析

本节课，中学生学习社会科学，教师在处理教材时很吃力，学习材料方面明显准备不足，并且缺乏吸引学生的能力。大约十分钟后，一个非常自信的学生提出，如果学生们用另一种方法来研究问题效果会更好，全班同学立即同意。然后老师理智地退出了课堂，学生们自己组成小组，研究主题的不同方面，然后互相反馈，最后课堂进行了一场激烈的辩论。所有的学生都参与其中，学习质量很高。教师唯一的贡献是认识到学生的建议比她自己的方法更吸引人、更有效。

教师可视化的学习

最近越来越多的研究将教师行为与其行为的影响联系起来。哈蒂（2009，2012）的研究最著名，且影响范围最广。他是新西兰人，他的研究具有国际性，借鉴了世界范围内其他人的研究成果进行了元研究。他利用了900多个元分析，考察了特定干预措施对学生成绩的影响。这些研究本身是基于5万多个不同的研究。考虑到这些研究都是以西方学校为主要对象，所以其结论的普适性还有待进一步检验。但根据我的个人经验，尽管不同的文化在实践中产生差异，但基本的真理是不变的，共性大于差异。

哈蒂的研究是分离并计算出不同干预措施对学生成绩的"影响大小"，即效应值。学生在校学习每年正常有望获得0.4左右的效应值，因此如果教学干预措施产生了大于0.4的效应值，就是有额外的贡献。

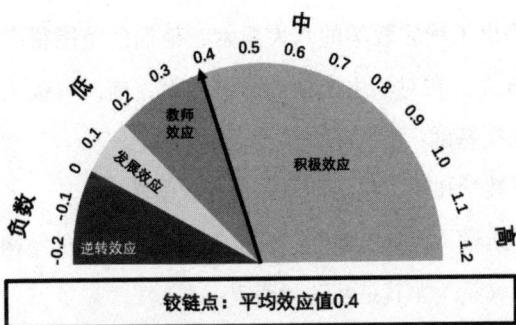

图4-1　哈蒂的"铰链点"

那些效应值高于0.4的干预措施获得了高度关注，但哈蒂很快指出，不应该孤立地看待任何分数。有些措施实施简单，成本低；有些则需要大量的时间、精力和资源投入。我们更应该关心如何提高现有举措的效应值，以及需要多少资源才能达到这种效果。教师的思维模式与技术手段同样重要。哈蒂在《可见的学习》一书中强调，教师不仅需要明确自己要实现的目标以及如何实现目标，还需要评价这些干预措施的影响力。这样，不用等到考试结果出来，教师们就已经对干预措施的效果了如指掌。这种"可见性"也让学生能更好地理解学习是如何发生的。

"当学习成为明确而透明的目标时，当学习具有适当的挑战性时，当教师和学生都（以不同的方式）试图确定挑战性目标是否达到以及达到何种程度时，可见的教学就发生了。"

科埃等（2014）撰写了一份报告，阐述了什么是优秀的教学。该报告试图回答下列问题：

优秀教学的特征是什么？

怎样的框架或工具可以帮助我们捕捉这样的教学，并帮助我们复制优秀教学？

科埃提出了优秀教学的六大要素，他们的范围很广，涵盖了许多具体方面。在对学生成绩的影响方面，前两项被认为具有最强有力的证据基础：

- 学科教学知识（包括学科知识和教学法）
- 教学质量（尤其是提问、评价的使用和课程的结构）
- 课堂气氛（尤其是互动和期望）
- 课堂掌控（时间管理、行为管理和资源利用）
- 教师的信念（教学方法和学习理论）
- 专业行为（包括专业发展和反思）

我一直认为当教师既发展了与教学科学相关的技术能力，又发展了与人相处的艺术相关的人际交往技能时，有效的学习就应运而生了。在当今瞬息万变的现代世界中，人们对教师的期望越来越高。学生们受到越来越多的学习干扰，教师必须使学生专心学习，即普基（1992）所说的，"我们必须邀请学生学习"。我们可以强迫学生出勤，但是不能强迫学生学习。富兰（2013）引用的研究在前一章已经简要提及。该研究表明，在美国的学校里，随着年龄的增长，学生的积极性越来越低（直到学生可以选择出勤或者参与学习阶段）。虽然95%的幼儿园孩子热爱上学，但当学生达到法定离校年龄时,这一数字会降至37%。在许多国家,学生学习不投入会在课堂上表现出来,并让教师意识到他们的不满;但在有些国家,教师没有意识到学生的注意力下降,这样并不利于老师及时调整教学。在《吸引学习者》一书中,格里夫和伯恩斯(2012)使用"FACE"这个缩略词来描述吸引学生所需的四大要素:

- 提供反馈(Feedback)以帮助学生了解自己的进步情况
- 给学生一定自主权(Autonomy),老师不要一直讲
- 基于学生的基础和个性化发展提出挑战(Challenge)
- 设计互动,使学生参与活动(Engagement),整合前三个要

素并创设沉浸式学习体验

纳托尔(2007)总结了课堂上三个不同的世界:

- 由教师看到并管理的公共世界
- 涉及持续的同伴关系的半私人世界
- 学生自己思想的私人世界

他指出,大约70%学生之间发生的事情是教师看不到或不知道的。即使是最细心的教师也很难观察、评价和理解课堂上发生的学生层面的事情,但她会认识到这种复杂性,并努力理解课堂环境以及她对课堂上发生的互动的影响。

世界各国都在试图定义教学标准,明确教师的角色。但是,无论教学标准多么有用,它们都不能强制执行,也不能简单地执行,而是需要将教学的科学和艺术结合起来。普基(1992)概述了如果教师想让学生有意义地参与教学必须引入的四个因素:

- 尊重
- 信任

- 乐观

- 目的性

普基还为教师提供了一份有用的自查清单：

尊重——你是否向学生证明他们是有能力的、有价值的、负责任的，并相应地对待他们？

信任——该课程是否引导学生合作、协作性地参与学习，从而使学生认为学习过程与课程结果一样重要？

乐观——学生们是否从你那里得到这样的信息：在学习今天所教的内容时，他们拥有尚未开发的潜力？

目的性——你创建和维护课程的具体流程是否是为了吸引学生学习而特别设计的？

创造积极、关怀和尊重的氛围是获得最有效教学成果的前提。在我成长的时代，教师信奉恐惧和暴力的力量。我记得有一位老师，他上课的主要目的似乎是恐吓弱势学生，并设法让全班同学笑着赞同他的做法。这使胆小的学生在课上放弃讲法语的尝试。他最喜欢的武器有嘲讽、给出明显错误的答案以及可以打开高窗的带有钩子的杆子，他用这种杆子拉紧学生的领带，造成学生真正的身体不适。如今，如此明显的不尊重学生的行为非常少见了，但它会以更微妙的另一种形式存在吗？在一些地方，学生对教师的恐惧仍然很普遍。当面对焦虑时，人类的大脑会恢复到爬行动物的本能——战斗或逃跑，这是早期生存的基本要素，但这两种行为都不利于学习。学生需要而且应该得到一个安全的学习场所。这不仅与人身安全有关，而且与情感安全有关。在安全的学习环境中，学生们会感到自信，敢于冒险，不怕犯错。我的经验是，学生最讨厌讽刺他们的教师，因为这会伤害自尊，还讨厌对学生

态度不一、前后处理不一致和通过一言堂来控制大部分课程内容
的教师。从积极的一面看，世界各地的学生在得到越来越多的帮
助，以了解适合自己的学习方法。我们将在第六章回顾自我评价
和同伴评价的优点时更多地研究这一点。动机在支撑有效学习的
特征中具有强烈的特征，例如，瓦格纳（2012）强调了以下价值：

- 通过实验和发现来驱动内在动机
- 致力于改变的决心
- 专注做对你有意义的事情

有些学生在入校时就掌握了知识，有些学生永远无法获得全
部知识，但教师可以对学生如何应对挑战产生巨大的影响。我们
只需要环顾四周或自己的学校，就能看到一些学生有时非常积极，
有时却不那么积极。一般来说，教学质量是决定学生应对学习的
态度的主要校内因素。学生必须理解学习的相关性，知道自己在
学习中的进展情况。如果教师对自己的学科和教学缺乏热情，那
么学生很有可能会做出类似的反应。教师永远是一个榜样。

关系

教师与学生之间的关系是有效学习的核心，但教学是否有效
并不一定与教师受欢迎程度相关。一位受欢迎的教师，如果只是
引起学生的兴趣而不是挑战他们，这可能会创造一个良好的环境，
但却不是重视和培养学习的环境。教师必须帮助学生提高应变能
力和应对挑战的能力。对家长、学生和教师来说，把所有事情做
对是很有表面吸引力的，学生可以制作整洁、标记清晰和吸引人
的练习册，但这对挖掘学生潜力或为将来更具挑战性的学习做准

备却没有什么作用。我并不是建议要故意给学生提供失败的机会。相反，我建议，如果教师能激发学生的信任和信心，学生们就会提高对自己的期望，并努力应对挑战。他们会知道学习来自挑战，并且在第一次尝试的时候没有做好每件事并不丢人，这样，学生的自我期望会越来越高。

信任对任何有意义的关系都是必不可少的，师生之间也一样。布雷克和施耐德（2002）用"关系信任"来指称它的四个组成部分：

- 尊重——认识到每个人在学习过程中所发挥的作用
- 能力——能够达到预期的结果
- 个人尊重——对他人有最起码的关心
- 诚信——这为发展关系提供一致性

"关系信任"的组成部分是技术性和人际关系的组合，否则就无法实现有意义的学习关系。教师的真实性在很大程度上取决于教师所持有的价值观和信念，就像第二章中的冰山图表所描述的那样，这在很大程度上是无形的。

活动

布雷克和施耐德（2002）制作了教师信任量表。查看适用于你学校的每一项，以1—10的分数评分，10是最高分。该分数说明学校教师之间的信任气氛，以及发展有效学习的气氛。如：

1. 学校教师互相信任。
2. 在我的学校，可以与其他教师讨论感受、担忧和挫败感。
3. 教师们尊重负责学校改革的教师。

4.我的学校的教师都很尊重那些有专长的同事们。

5.在我的学校里,教师受人尊敬。

你可以思考,学校在哪些方面需要改进,以及你是否可以在实现这种变化方面发挥任何作用。在分数较低的地方,你很难在课堂上营造积极的学习氛围,但也不是完全不可能。

这不是一本关于领导力的书,但教师与领导者之间的相互依存关系不能被低估,如果领导者创造了不利于教师发展和学习的文化,那么该文化极可能也不支持学生学习。学校的领导者不仅要容忍教师和学生的错误,还应将错误视为学习的机会。领导无休止地批评错误,会制造一种恐惧、不信任和反省的文化。在教师强调个人错误的课堂,一些学生将自己理解为遴选失败者。最糟糕的情况下,这将导致欺凌和恐惧,并对学生的情绪健康和自我形象认知造成严重损害。从长远看,这可能会毁掉个别学生的一生。

教师需要培养所有学习者的适应力(Resilience),将错误视为学习要点、相互尊重、将个性与学习行为分离是最有效的方法。只要学生充分理解他们学习的内容,并且在学习过程中表现良好,他们就能更好地发展。克莱斯克顿(2012)在他的《学习能力》一书中,将他所说的"学习动力思维"归纳为"4R",即适应力(Resilience)、机智(Resourcefulness)、反思(Reflectiveness)和互惠(Reciprocity)。他选用的词汇勉强符合"4Rs",但思想是合理的,并在许多学校被证明具有影响力。适应力被视为需要培养的重要特征之一。同样重要的还有参与(Engagement),没有参与,就不会发生学习。克莱斯克顿强调,高效能教师的作用之一是系统培养学生的能力,首先是专注力,然后从学习中寻找和获得乐趣，并意识到学习并不总是那么容易。

长期以来，人们都认为教师应该对学生寄予厚望。你是否记得书中前面的例子？罗森塔尔和雅各布森（1968）研究证明学生的表现受教师期望的影响。但是，没有准确证据基础的高期望值没有什么价值。教师的期望必须基于围绕学生所知和所能做事的证据。如果教师认为能力是与生俱来的，他们不太可能设定现实的和挑战性目标，而学生反应和成就水平将受到相应的影响。对学生的期望过低会产生累积效应，最终会变成自我实现。对于不太擅长学习和天赋较低的学生来说，从长远来看，将重点从以成绩为目标转化为以进步和努力为目标更有可能提高他们的水平。

活动

思考你在一堂课上对学生的期望。对所有人的期望都一样吗？期望的基础是什么？当你向学生提供反馈时，你关注的是学生成绩还是他们的努力和进步？他们怎么知道？你该做些什么以提高学生面临挑战时的自我形象和适应能力？

在继续阅读之前，请参考书中的反馈部分（反馈4）。

期望

教师提供的反馈会影响教师和学生的期望。我们将在关于评价的一章中更全面地讨论这个问题，但现在我们将把分析集中在几个要点上。哈蒂对学习影响因素的分析表明，学生自我报告的成绩与教师的期望值之间的差值是所有教学活动中影响最大的一项,效应量为1.44。温斯坦(2002)明确指出,学生了解教师的差别待遇和期望,有些教师对某些学生的期望比其他人高得多。这一点延伸到学校的组织因素中,在那里分流和设置的实践导致许多学生降低自我期望。学生需要相信(并且他们会通过自己的所见所闻相信)教师会按照他们的努力程度明确地评价和支持他们。没有这样的信念,他们的学习意愿和能力就会明显降低。

案例分析

麦吉克里斯和扶壁(2005)介绍了伦敦一小学为改变学习和教学所采取的方法。在转变学习方式的基础上,他们认识到学生必须有成为学习者的决心和能力,并有机会学习相关技能,发展有助于有意义和长期学习的特征。他们发现,许多年轻的学生已经需要增强自尊心。他们从各种方案中择优挑选,包括神经语言程序学、行为管理系统以及"循环时间"(circletime)和"部落"等系统。后两个方案的共同点是基于民主互动、培养倾听技能、承认和庆祝成功以及培养相互尊重的方式。尤其是"循环时间",可以成为个人和社会教育方案的一个重要组成部分。在反思在校取得的进步时,教师们总结,他们学会了"既要重视学习,也要重视学生的表现""发展自尊是有效学习的最重要前提"。教师们认识到,培养学生的学习能力有许多不同的方法,但这必须成为教师技能的核心组成部分,尤其是在学生自尊心较低的情况下。

一些教学组织要素

要让学生参与其中，教师不仅需要表现出对个体的高度敏感性、高度发达的自我意识和人际交往能力（有关丹尼尔·戈尔曼在情商方面的研究，参见最后一章），还需要具备技术能力。本书的大部分内容都是关于这些技能的发展，并有专门的章节讨论特定的关键方面，但在这里，我只想谈谈与学生参与相关的三方面。

1.课程相关性

我们将在下一章中对课程进行更详细的介绍，在这里只需指出课程必须与学生相关就足够了。如果学生不理解学习某样东西的基本理由，许多人就不会参与。学生需要了解新的学习是如何建立在现有的知识、技能和理解之上，并在当前和未来的生活中对他们有用。高效率的教师会聪明地上课，让学生想要学习所提供的内容，了解它的价值以及与学习者的相关性。如果依赖教科书作为整门课程而不是一种教学资源，可能意味着书上的例子不能与课堂的学生紧密相连。我旁听了一节精彩的课，教师利用当地新闻故事来讲述环保主义和宗教问题，十几岁的穆斯林女孩非常投入和积极。可悲的是，一位当地主管对课程的看法截然不同，这位教师因偏离规定的文本而受到惩罚。

案例分析

另一个例子来自西印度群岛的一所学校。两个平行班级的8岁孩子正在学习有关支付和找零的简单计算。国际教科书似乎不能提供帮助，因为学生对书本中所举例子的词汇和商品几乎完全陌生。一位教师只看了课本上的例子，对学生的困难知之甚少，也没有任何解释来弥补资源的不当性。在隔壁教室里，另一位教师表现出高度的课程相关性意识，努力使课程与学生相关。他从与儿童相关且能说出名字的日常食物开始。他们谈到和母亲一起去市场，如何给钱和收钱。在这节课结束时，他们比隔壁的同学完成了更多的计算，而且准确度更高。他们也期待在即将到来的市场之旅中运用这种技能。精心设计的课程计划使学习与学生相关，使学生学有所得，学有所获。

2.多样性和常规工作

关于课程结构的文章已经写了很多，有人主张课程结构由热身活动或介绍、教师讲课、作业和复习这种固定结构组成。这些都是教与学的重要元素，但我越来越担心这些建议会被标准化，从而减少教学的内容。除了上述内容外，一些团队工作的要求还会包括小组作业要求、学生的学习目标、教师使用的信息和通信技术，以及各种跨课程主题等。对课程的评判也是基于这个模板。课时安排在35—40分钟，随着教师和学生从学校的不同地方赶来，课时往往会有所减少，但在如此短的时间内无法有效地解决所有这些问题。即使是对教师专业发展的善意建议，也会出问题。

案例分析

最近，我观摩了一位很有天赋、很有趣的老师给一群9岁的学生上科学课。上课伊始，学生非常投入，并被各种活动吸引。但课程结束时，学生们尤其是能力较差的学生感到十分困惑。他们在开课十分钟后，几乎没学到什么内容。在课后与老师的讨论中，他说有人建议他，因为学生的专注时间有限，他应该每十分钟开展一个新活动。他竟然把这个建议理解为每十分钟改变整个主题，而不是提供一些相关活动或学习方法。结果，学生接受了五次十分钟的课程，课程几乎没有连贯性，也没有提供吸收知识的机会，这对学生学习产生了不可避免的负面影响。

这位老师清楚课上出了什么问题，觉得有义务按照某种方式进行工作，并为此自责。很多时候，来自"专家"的过于具体的指导常常会限制教师自己寻找解决方案。在高度重视专业知识和技术的文化中，存在标准化和创新之间的矛盾。相反，在提倡个人自由的文化中，可能会缺乏一致性与团队合作，从而使学生产生困惑。

在准备教学计划的时候，我更倾向于以单元而不是以单节课为单位来看待学习，在任何一节课中都集中在一个或两个工作要素上。在一节"标准化"的课程中，教师可能会首先简短回顾上节课内容，然后进一步地解释、讨论、解决小组问题以及教师和学生之间的个人和小组互动。学习才是最重要的，尽管个别内容可能代表了良好的做法，但教师必须有能力、技巧去了解他的学生，知道如何达到最佳的整体学习效果。在我看来，学校在制定课程表时应该仔细考虑每节课的最佳长度。在许多国家，每门学科需要严格遵守分配的、精确的数字，但聪明的学校会发现这是一个可以解决的问题。许多学校已经取消了一周的课程表，并发现安排两周以上的课程表可以让教学方法更具灵活性，而且也不需要每节课长度相同。

案例分析

我在一所中学发现了最具创新性的教学体系。校长希望课堂有更多的互动教学和学生参与学习。他认为40分钟的课程不利于他希望的那种学习。于是，他立即采取措施将课程延长到一小时，这样整个课堂就不能以教师授课模式为主。他在这所学校待了多年，学校的水平有了明显的提高。他还根据自己的教学理念选择新的教师。个别课程的学习时间相当长，有时甚至延长到半天。

上述方法在许多情况下并不适用。虽然要提倡创新，但也要兼顾教师和学生的稳定。教学的要求取决于学科内容以及学生的年龄和天性。教师需要能够在常规（一端可能导致极度无聊）和多样性（一端可能导致不可预测性和混乱）之间取得平衡。如果教师需要每节课，每天，每周，每月都要让他们的学生参与其中的话，这对他们来说是一项持续的挑战。

3.合作和小组活动

霍尼和芒福德（2006）的研究表明，学生们十分明确自己喜欢和感觉有效的学习方法，他们最喜欢的方法是团队合作。在我工作过的每个大洲和国家的学生都与我有相同的感受。

　　和其他方法一样，团队合作在某些情况下适用，而在有些情况下则不适用。小组活动可以让学生参与学习，但需要有效地计划和实施。要让小组活动真正有效地促进学习，它需要的是协作，而不仅仅是几个学生围坐在一张桌子旁。所有人都是积极的参与者，承担任务。研究一致表明，合作学习比独自学习更有效，而且参与度和保持率也得到了很大提高（普林斯，2004）。执行任务的时间更有效率，学生学习的动机和注意力也得到了提高。当然，任何教学方法都必须与预期的学习结果相对应，并不适合于一些目的。在要产生想法或解决问题的地方，它是最合适的。

　　当学生进行有效的合作时，通常可以观察到如下三个特点：

　　• 积极的相互依赖。个体的成功依赖于团体。每位学生在学习过程中都有确定的关键角色（比如研究者、编辑、计时员、主席、记录员等）。

　　• 共同体。学生将小组视为学习的"共同体"，做出积极的贡献并认识到小组学习的好处。尽管小组之间的竞争可以促进对学习小组的短期投入，但最有效的长期学习是学生轻松地重组成不同的小组。

　　• 问责制。学习者认识到，他们将为自己对整个小组的贡献而承担责任。

🔵 注意事项

　　哈蒂的研究强调"专家型教师"的特征。他们表现的特征和行为都与学生的参与度以及学习有非常明确的关系。"专家型教师"有如下五个特征：

- 专家教师可以确定所教科目的最重要的教学方法
- 专家教师擅长营造最佳的课堂学习氛围
- 专家教师监督学习并给予反馈
- 专家教师相信所有的学生可以达到成功的标准
- 专家教师会影响学生的表面和深层次的学习成果

你认为自己和周围的人在成为专家型教师的路上处于什么位置，你又该如何继续下去？（我们将在最后一章回到这个主题）

雷德芬（2015）将以下几点作为学生参与有效学习的"参与规则"。你同意这些观点吗？你如何给它们排序？你认为你本人在各方面做得如何？

- 提问——使用提问来激发洞察力并引导学生思考
- 反馈——能让学生了解他们的表现以及如何改进
- 合作——合作是关键
- 主动——让他们站起来，离开座位
- 目的——向他们展示课程方向和相关性
- 竞争——把学习变成一种游戏，让学生互相竞争
- 感性的——通过唤起对话题和事件的感受来进行交流
- 幽默——让他们大笑
- 真实生活——联系现实生活，让学生感同身受
- 时间限制——保持速度与精力

尽管在大多数国家，教师以女性为主，但是教师整体几乎和整个国家的人口一样多样化。课堂教学效果不是由他们是谁决定的，而是由教学方法决定的。教学有表演的要素，但表演的有效性建立在教师对自己、学生、学科和教学法的理解之上。高效的教师在她的教学中是真实的，并将真实的自我带入课堂，学生们

也能很快识别出虚假的东西。在接下来的章节中，我们将从教学计划开始，详细研究教学过程中的一些关键方面。教师是一个多元化的群体，有效教学的关键在于教师如何与学生互动，而不是教师是谁。下一章探讨有效教学的起点——课程计划。

补充书目

Emotional intelligence, http://www.danielgoleman.info/topics/emotional-intelligence.

Circle time, http://www.circletime.co.uk.

Learning communities in the classroom, http://tribes.com/about.

Lesson observations-Zepeda, S. (2005) The instructional leader's guide to Informal Classroom observations. New York: Eye on Education

Neuro-Linguistic Programmes, https://www.skillsyouneed.com/ps/nlp.html.

https://www.nlpacademy.co.uk/what_is_nlp.

第五章　我们需要怎样的教学计划？

> "如果我们没有计划，那么我们就计划着失败。"
>
> ——本杰明·富兰克林

本章纲要

本章重点是访谈和教学计划的细节，包括分析教学计划的重要性和教师普遍不喜欢写教学计划的原因，探讨教学计划的不同设计方法及其原因，以及如何撰写学习成果来巩固教学。教学计划的拟定对学生评估和差异化教学都有重要作用。

预期收获

读者将：

- 撰写具体的课程学习成果
- 讨论不同风格的教学计划的优点
- 思考教学计划的不同目的
- 编写适合目标的、易操作的教学计划
- 认识到教学反思的重要性

认知误区：周密的教学计划能保证教学质量。

引言

我的一位优秀同事从没在他的教学生涯中写过教案。不过，他有过目不忘的能力，不仅对班上的学生非常熟悉，而且对他教过的、成功的课程也印象深刻。他清楚地知道自己的教学内容，当出现问题时，他能灵活地应对。我们大多数教师都期望制订教学计划。除非我们考虑周全想让学生学习的内容，以及我们将在这个过程中如何支持他们，否则我们的努力不太可能取得成功。没有详细的教学计划，我们就不能评价学生课堂掌握情况，或者不能最大限度地满足他们的个人需求。现在的困境是：如何在不花费过多的精力和时间准备的情况下做好计划。

实践性

备课需要时间和精力。在与世界各地的教师的交流中，我发现很少有人喜欢备课。教师们花在学生身上的时间不同。在英国，一位教师可能会把工作周80%—90%的时间用于教学，其他时间则要完成备课和作业批改等工作。在其他国家，教师可能在教学上花的时间较少，或者在同一年级的不同班级教相同的课程。因此，具体情况是完全不同的，有些教师可能会花几分钟备课，但是有些教师花几小时备课。然而，教师思考的质量最重要，而不是花费的时间或备课的详细程度。事实上，备课关注过多的细节，效果会适得其反。

准备教学计划花费的时间和学生成果有效性之间必须达到平衡。过度的准备会限制教学，束缚教师对需要优化的教学计划进行调整，对新出现的学习需求做出反应。这也导致教师没有理想中那么精力充沛。毕竟，如果花费了大量的精力备课，那么就没有足够的精力教学。教师课前准备不足则会导致学生学习机会不足，教师没有对资源的选择、学生的需求、时间的使用以及课程之间的连续性和进度给予足够的重视。如果教师每天被要求教授大量的短时间课程，那么此类教学计划的要求比那些教授少量的、长时间课程教师的教学计划要求要高得多。

很多时候，教学计划的驱动要求似乎是一种普遍的期望、习惯或责任。然而，教学计划和教授课程迥然不同。

案例分析

我曾经访问一个小国家的一些高中，这些高中需要改革，也致力于改革。部门主管一致抱怨没有足够的时间对部门进行领导或管理。他们的非教学时间平均每周3小时，在这段时间里，他们承担着领导角色和检查教学计划的任务。后者占据了大部分时间，有时是全部时间。在讨论中，他们指出，检查教学计划主要是检查教学是否符合规定，是否遵照教学大纲。他们偶尔也会对所使用的资源或教学方法发表意见。当被问及教学计划和教学的关系时，大多数人表示他们不确定，因为他们没有时间去观察课堂或仔细检查学生作业。对教师和主管来说，教学计划已经成为一种毫无意义的例行公事。严格的计划和质量保证是基于应该发生的事情，而不是基于已经发生的事情。

教师们非常清楚他们要做的是什么，教学计划展示了互动教学、技术使用、差异化教学和形成性评价。然而，只有少数教学与纸上的内容相似。在这种情况下，不仅浪费了时间和精力，而且建立了一种虚伪的模式。班主任将不准确的教学信息传递给校长，校长又将这些信息传递给教育系统中的上级领导。证据并没有成为实际的教学和学习发挥作用的基础。

教学计划的目的

上文的案例驳斥了关于教学计划越详细越好的认知误区，但教学计划的价值毋庸置疑，我认为主要有以下几点：

- 促进持续学习
- 发展学习机会
- 支持教材的选择和改进
- 整合评价机会，展示学生学习内容和学习困难
- 贯彻全校理念
- 发展适合学生的学习
- 提供回顾和分析的记录
- 计划如何在先前学习基础上满足学生的不同需求
- 支持评价和反思教学准备和实践
- 得到高级管理人员的支持

教学计划是为高质量的教学做准备。任何纳入问责制的记录都应与实际的教学成果相联系。我见过一些详细的教学计划，通常是由经验不足的教师制订，长达好几页，记录了教师课堂说的每句话，并有学生反应的预测。假设学生的答案是正确的，课程

将完全按照预先设定的方式进行。我只能说，我讨厌教师以这种方式授课，教师不考虑学生的学习情况或学习挫折。这样的教学计划，本意是通过提供框架和脚手架来帮助学生，但事实上会产生严重误导，无助于发展有效教学必要的互动技能。这样的教学计划充其量只能让学生和教师都浅尝辄止。教学计划也没有包括学习评价。

教学计划内容

考虑到世界各地学校教学的多样性，在教学计划中预测或包含的内容会有差异。我将以下内容视为教学计划的关键要素：

- 总体目标和阶段性目标
- 与先前课程和学习的联系
- 差异化学习成果
- 差异化教学计划
- 评价活动
- 学习资源
- 课程要素的简要说明
- 复习

我们将按顺序阅读这些内容和范例。如果教学计划是通过电子方式获取，那么可以复制常用功能，并在以后的使用过程中节省很多时间。不足之处是，引进的课程并不适合不同学生群体，课程没有经过多年的培育。但是，我们能够从多种来源开发出高效的资源。

1. **总体情况**。课程并不是孤立存在，通常是整体的一部分，是为了提醒教师课程目的，并与学生分享（克拉克，2005）。这包括一门课程的长期学习成果，侧重于更广泛的技能，并有效防止单门课程变得支离破碎或微不足道。比如，在一系列说服性写作中使用各种技巧，或者描述人的胃的作用和功能。课程的细节将产出更具体的结果，包含课程的具体背景知识，例如消化系统的器官功能或写一封投诉信给商店老板。

2. 与先前课程和学习建立联系。简要叙述与先前课程的联系，有利于学生理解课程的连续性和进展情况，也帮助新教师了解先前课程的情况。一年后，教师们带领新的小组观看教学视频时，他们会想起这堂课的背景、进展顺利的地方以及教学计划需要修改的地方。

3. 差异化的学习成果与教学计划。预期成果是任何教学计划的关键要素。教师不仅需要明确教学目标，还需要明确预期的学习成果。不然无法有效评价学习是否已经发生。因此，成果需要用恰当的术语表述，需要具体、可测量、可实现、切合实际且与时间相关（对于后者，时间可能是一堂课，也可能是持续一段时间的课程）。这种精确表述有助于学生了解自己的学习。教学计划也需要差异化。小组成员的能力参差不齐。即使学生是按能力分组，期望所有人在同一时间达到相同的学习水平也是不现实的。能力强的人可能会认为任务缺乏挑战，能力弱的人却要经历失败。我们将在第八章详细讨论差异化。

我在朋友的学校工作过几天，负责课堂观察和教师发展。这是一所挺好的学校，但学习标准一直停留在某个水平。（顺便提一句，教师们被要求每天为大量的短课程制订非常详细的教学计划！）我建议将模糊的学习成果清楚地呈现，并加以区分。但这项建议遭到了拒绝，因为领导认为所有的学生都应该能够学习同等水平的知识，而成果差异化有碍于机会均等。一年后，在听取了外部调查的意见后，我发现，不管动机如何，能力越强的学生都有能力做更多的事情，而能力较弱的学生通常达不到要求。教学主要是让中等的学习者带来进步，却让其他人失望。

差异化学习成果可以通过以下陈述进行区分，例如：

• 所有学生将……

• 很多学生将……

另一种方法是让所有学生都达到一个最低目标，同时为部分学生设定更高目标。例如，通过使用不同颜色有效地向学生展示学习成果，并坚持所有人都达到蓝色结果，尽可能多的人获得绿色结果。但是，如果学习成果没有具体提到哪一组学生，句子用主动语态动词表述，以"学生能够"或"学生知道"开头陈述，那么，学习成果就不能被精确地评价。获得准确的学习成果会让评价（包括学生的自我评价）变得更加容易。模糊的学习结果会导致教师、学生和监督者对实际所学内容的认识非常模糊。如果不清楚学到的内容，那么这种不确定性将会继续影响未来教学计划。比较以下学习结果的表述，第一组明显缺乏具体内容：

• 学生将会提高他们对大写字母的使用

• 学生将会写一个冒险故事

• 学生将会知道消化系统是如何工作

• 学生将会思考中日战争的原因

后几组的学习结果表述则要清楚很多：

• 学生在每个句子的开头使用大写字母，并使用大写字母表示名称和位置

- 学生写一篇至少一页的冒险故事，包含使用一系列动词和合适的形容词来表达兴奋感

- 学生说出人体所有消化器官的名称，并描述它们的功能

- 学生阐述抗日战争爆发的至少三个原因

就不同的学习结果而言，以下几点适用：

- 所有学生学写句子首字母会使用大写字母

- 大多数学生会在写句子首字母时使用大写字母，并使用大写字母表示名称和位置

- 所有学生能撰写至少一页的冒险故事

- 大多数学生会撰写至少一页的冒险故事，其中包含一系列动词和合适的形容词来表达兴奋

- 所有学生能说出人体的四个器官的名字并描述它们的功能

- 大多数学生能说出人体中所有消化器官的名字，并详细描述它们的功能

即使是使用儿童友好的语言，或者儿童容易理解的语言的年幼学习者，也需要分享学习成果。除非学生了解意思，否则将学习成果复制到书中是毫无意义的练习！在促进学习成果方面，也没有什么意义，除非它们是课程内的参考资料并用于正在进行的评价。

案例分析

在学校的小学部，教师采用差异化结果，鼓励学生自我评价，提出挑战。在许多课程中，教师提供不同等级的任务。这些被称为"辣椒"挑战（辣椒的数量表明了挑战的程度），

每节课都有一个炽热辣椒作为最终挑战。教师们上课时要知道有适合所有学生的材料，而且课程可以适应学生的新需求。例如，一节数学课开始，两名学生的回答表明，他们对所教授的概念有快速而深层次的理解，于是教师立即要求他们参加"辣椒2"挑战。然后，她花更长的时间和小组成员在一起，让这些学生参加"辣椒1"挑战。之后，学生们按照自己的节奏进行练习，并选择是否进行"辣椒2"或"辣椒3"挑战。一小部分人开始了"炽热辣椒"的挑战，并热衷于课后完成这项挑战。

这所学校有许多平行班，教师们为了减少工作量也集体备课。虽然理论上说，学生能力相似，但有时班级之间有实质性的差异，班级、结构和上课材料允许必要的灵活性，以适应不同需求。许多设定的任务直接与学生相关，将想法应用到解决问题的实际工作中。

4. 差异化计划。对于能力较弱的学生，需要差异化教学，以取得最低学习成果。这需要额外的或不同的资源、不同的记录方法、团队合作和成人的支持。差异化也应确保教学对能力更强的学生构成充分挑战。差异化是第八章的基础。

5. 评价活动。在计划课程时，教师需要清楚地知道学生的学习水平。如果没有计划评价，教师会对他们的教学结果缺乏清晰度，并影响未来计划的准确性。从一开始就开展评价活动，为教师和学生了解学习进展，以及未来工作提供基础。正如哈蒂（2012）指出，这是有效教学和改进学习的核心组成部分。

6. 资源。资源不会在课程中突然出现，教学计划必须明确需要什么资源来支持教学。在许多国家，资源是有限的；通常过分依赖某教科书，并将其视为整个课程的资源。资源包括技术，技术可以增加学生的学习机会，但必须符合特定目的，而不能只是噱头，或是时间充裕或是外部强迫的结果（在第十一章，当我们看到技术使用所提供的机会时，就会发现这种情况相当多）。

7. 课程要素的简要说明。每一节课都由几部分组成，这有助于确定每部分可以分配多少时间。许多学校通过正式的或可理解的政策，对课程的发展设立期望。这在很大程度上取决于一节课的长度，活动太多或太少都存在问题。

许多课程都是按照三部分或四部分的结构来计划。这些组成包括：

- 开始/介绍
- 主要课堂教学
- 练习/拓展
- 全体会议（总结本课程的学习）

课堂开始的活动，包括简短复习、热身活动，是为了吸引学生注意力、设置情境和分享学习成果。教师经常会忘记，对学生来说，学习特定的主题并链接到先前课程是多么困难。特别是在高中，在上一天的最后一次课之前，学生参与了许多不同科目的课程学习。学生需要时间重新调整，而高效能教师在这一过渡中架起桥梁，并通过对以往工作的简要修改帮助学生树立信心。

我担心为了吸引注意力，热身活动没有充分地与课程相关，或从主要教学中分散注意力。在某些情况下，小组并非立即分享学习成果，而是让学生根据课程的发展来确定自己的学习成果可能是有益的。除非班级有足够的能力来实现这样的飞跃，否则这不是有效的策略。尤其是能力较弱的学生，如果他们得不到支撑学习所需的基础，就会痛苦不堪。了解课程目的是搭建脚手架的关键。

例如，英国的小学生识字课程，建议每节课的各部分要持续一定的时间。接下来是教学，让学生有机会运用他们的知识。这通常被细分为教学、练习和实际应用。它可以被整合成教学机会和应用机会。根据上节课情况，全班教学的需求很小；可以进行小组教学，开展个人和小组活动。在有效领导的支持下，高效能教师将此视为一个框架；另一些教师则认为这是必要要求，因此课程变成刻板印象。

根据我的教学经验，课程的最后一部分最不成功。在课程的最后部分，举行某种形式的全体会议会有所帮助，让学生反思课程中发生的学习并从同伴学习中受益。还允许教师对整个班级的学习情况进行快速评价，包括行政任务，和为今后的课程制订计划。当学生的注意力已经转向下一节课或休息时，这部分课程会因为时间和行政任务而被浪费。

过度安排课程，使其完全可预测，对教师和学生都有害处。虽然基于良好教育原则的框架非常有帮助，但将每节课都简化为一套规定的活动，不仅会剥夺面对新出现的兴趣和挑战所需的灵活性，而且会变得无聊！

8. 复习（或评价）。教师需要时间来反思课堂上发生的事情。在教学计划和课程之后，需要分析已发生的学习、未发生的学习，以及已出现的学习需求。这是有效教学的关键部分。时间永远是我们最宝贵的资源，教师们经常一堂课接着另一堂课，没有时间去思考。我所见过的最有效的反思是杂乱而简短的。它们用打钩和划线标出完或部分取得的成果，比如，哪些学习要点已经出现，哪些在下一堂课中需要解决，个别学生表现出特殊的优势或学习需求。

反思型教师还会考虑自己的教学表现，在哪些方面使用了特别成功的方法，或者在哪些方面需要调整教学方法，从而最大限度地促进班级学习。可以在课堂或课后尽快列出注意事项。在一天结束的时候把任务写到笔记上，会让任务变得繁重，还有可能随着时间的推移和其他事情的发生使任务淡化。没有行动的反思就是浪费时间。

教学计划不需要写得辞藻华丽，这样既增加工作量，又不现实。简洁的要点比冗长的散文更清晰。教学计划应该主要是为教师准备的，所以不需要关注过多细节。不然会掩盖关键领域的具体思考，尤其是结果的选择、教学活动和教学方法、差异化和课程评价。

个人或团队计划

根据每个学校的性质和结构，个别教师可能有机会与同伴一起备课。一般来说，学校越大，合作撰写教学计划的机会越多。我的经验证实了以下事实：成功与否不取决于理念，而取决于任务的实际执行方式。合作撰写教学计划有潜在的优势和缺点。我认为潜在的优势是：

- 集思广益
- 工作分担

- 资源共享和资源准备

- 支持更多经验不足的教师

- 在同年龄班级之间的一致性，支持非正式学习

在合作教学计划运作良好的学校，教师们聚在一起，首先在关于大纲和学习成果等方面观点达成一致。然后，他们分担资源准备和教学计划实际编写的任务。会议可以由负有具体责任的教师主持，也可以是共同商议。如果教师以前教过同样或类似的课程，并且能够客观和准确地反映教学过程和教学结果，这样的会议就特别有帮助。对缺乏经验的同事来说，也很有价值。工作任务可以分担，节省时间。集体备课可以扩大课程的选择范围，并确保整个部门或年级的连续性。

有效团队合作教学计划不追求100%的一致性，可以选择个性化方法，这是成功计划的关键。如果课堂学习是可行的，教师也能够观察教授此类课程的同事，并参与评价，则持续的教师发展可能性更大，改善学习和教学的潜力更大。第十二章将进一步探讨这一概念。

然而，在合作教学计划中也有一些潜在的缺点：

- 花费在商定细节上的时间不成比例

- 会议安排不当

- 计划由一些教师主导，并非所有人都能做出有意义的贡献

- 会议的重点是合规性，而不是计划有效学习

- 表面同意计划，其中一些教师没有共同承担义务

- 一些教师不理解同龄人的想法，因此误解计划课程的目的，从而导致课堂学习效果不佳

我观察过合作教学计划之后的课堂，但是教师没有按照约定

计划授课，有时也不理解计划背后的基本思想。在大多数其他学校，我看到教师根据个人和团队的风格对同样的课程进行了调整。有趣的是，这种变化所产生的结果往往存在较大的差异。在复习时，那些觉得自己有责任介绍某些观点的教师会对自己提出的建议产生抵触情绪，而这些建议会损害客观评价，影响未来学习的计划。

课堂研究

课堂研究起源于东方模式的、教师主导的研究。在这种模式中，教师通过合作研究、计划、教学和观察课程，共同针对一个确定的领域来发展学生的学习。教师们一起详细地计划一堂课，由一名教师讲授，其他同事旁听。课程结束后，对课程进行详细的讨论和分析，包括其优点和需要改进的地方。我也看到越来越多的人以更宽松的形式使用这个概念，仅期望教师们旁听同事课程，并为他们提供一些课程。最后一章将从教师发展的角度对课程学习的概念进行更详细的探讨。

范例

我个人对教学计划的偏好与富兰（2013）所说的"瘦计划"是一致的。过多的细节会让人对细节产生无用的痴迷，并在潜意识里鼓励人们相信只有一种上课方法。事实上，教师会倾向于向那些能给出正确答案的学生提问，并鼓励他们按计划上课。但是更仔细的评价后，教师会发现一部分学生对问题并不理解。我一直认为教师的角色类似于爵士乐手，爵士乐手从主题开始，能根据新出现的情境改编旋律和主题。有效的教学计划由学校的文化和环境决定，并以一种允许灵活性和明确意图的形式呈现。如果教学计划主要被视为与问责制相关的管理任务，那么情况就大不一样。

案例分析——合作教学计划

在这所小学，高三有五个平行班级。每位班主任都教核心课程，并且由年级组长或学科专家共同撰写教学计划。我碰巧在两个不同的课堂上观察了使用相同教学计划的数学课。第一节课的提问、反馈、挑战和各种活动非常出色，包括一个简短、相关而且有益的视频输入。第二节课则效果甚微。教师先进行了一分钟的介绍，然后让学生长时间观看一段视频，最后要求学生完成课本上的一组练习。唯一发生的教学是试图解决学生不理解的问题，因为他们不知道应该做什么。

在与团队负责人的讨论中得知，该计划是由一位在教学领域充满信心和教学技巧熟练的教师（第一位被听课的教师）强势领导的，而第二位教师对该课程缺乏信心和技能。

表5–1 教学计划清单

组成部分	可能性
学习目标和成功标准	差异化 学生提供的信息 所有人都能听懂 用于检查学习进展

（续表）

组成部分	可能性
学习方法	明确的高期望 先前知识的使用 适合所有学习方式 所有学习者积极学习 学习者去发现学习 培养独立学习和思考的能力 培养合作能力
学习环境	情感环境建立强烈的自尊心 教室布置支持共同思考和讨论 物理环境有利于学习（温度、光线、接触水等）
评价	学习者以各种方式展示他们学到的东西 提供自我评价和计划下一步的机会 学生会及时获得关于进度的定期反馈 学生通过使用成功标准来确定改进，从而相互支持
记录	学生通过不同方式记录学习过程（项目符号、思维导图、海报、图表、书面问题和答案、录音、流程图、录像、照片、故事板、戏剧、演示、时间线、总结等）

没有领导力、洞察力、意识和后续跟进，就不会有团队合作。我认为教学计划应尽可能简单，而鼓励冗长写作格式的效率要低于有助于思维专一性和准确性的格式。

表5-2　教学计划模板

科目	教师
班级	日期和时间
总体情况	
学习成果 所有学生将： 绝大多数学生将：	

（续表）

活动	预计时间
来源	
对个别学生的支持	
评价	
复习/评价	

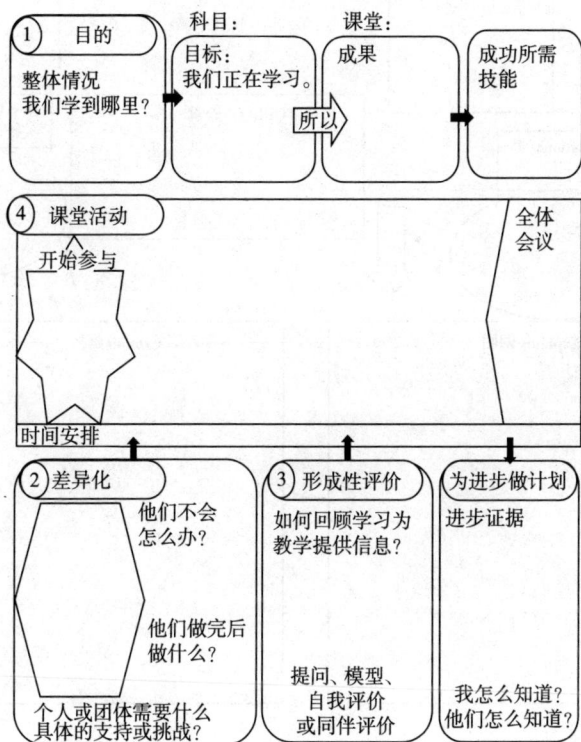

图5-1 教学计划格式

Engage, Explore, Explain, Extend, Evaluate: 参与, 探索, 阐明, 延伸, 评估

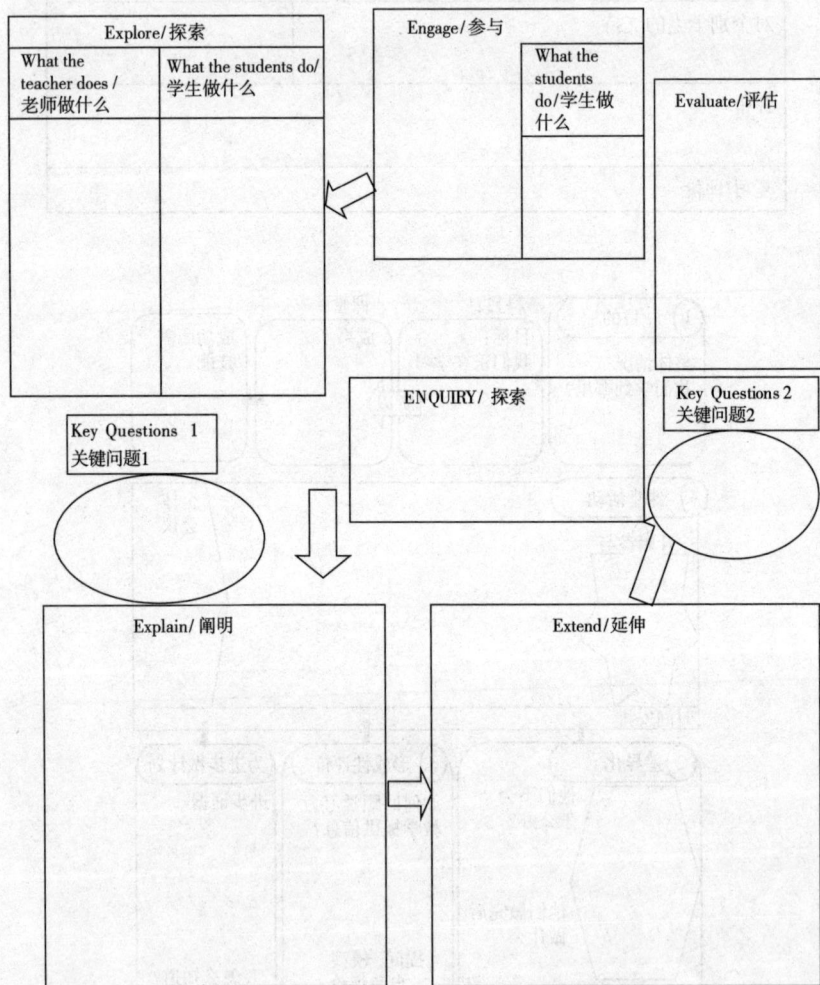

图5-2　教学计划的"5E"模式

活动

看看你的教学计划，判断它是否符合标准。你如何平衡有效教学计划准备所需的时间与其他工作和生活要求所需时间？每个人都不同，找出最适合你的方法。有些人觉得细节太多让人压抑，而另一些人则喜欢细节带来的安全感。

◎ 注意事项

亚里士多德说过，卓越不是一种行为，而是一种习惯，就像我们反复做的一样。教学计划可能被许多教师视为一项行政任务。如果它依然如此，它将被视为一项杂务而不是有助于有效教学的方法。然而，教学计划是一项非常必要和有用的工具，通过优秀教学来计划优秀学习。如果没有一个以学习为中心的目标和承诺，效果会适得其反，因为它阻碍了教师对教学内容和教学方法的真正反思。教师不应该也不需要花费太多时间进行教学计划，关键是看学习的结果。一切都从这里开始。

教学计划的关键要素是评价，以确定学生的学习水平。因此，在教学过程中应采取措施，以确保所有学习者尽可能地进步。反思型教师包含真实评价的教学计划为进一步开展教学提供了明确的依据。

教学计划是教学内容和教学方法的最佳指南。它应该以学习证据为基础，而证据从第一节课开始就在增多和变化。计划，像任何策略一样，取决于它对过程质量的影响。如果没有娴熟的计划，所有人都不可能获得成功的学习成果。教学计划是教室内和整个学校发展成功教学的关键要素。有时，课程需要对计划进行重大修改。然而，如果这种情况经常发生，那么整个教学计划就存在问题。

在以后的章节中，我们将进一步对教学计划进行评价和区分，并将其反馈到未来的教学计划中。

补充书目

Hattie, J. (2012) Invisible Learning. London, Routledge.

Lesson study - https://tdtrust.org/what-is-lesson-study.

Lesson planning in-Redfern A (2015) The essential guide to classroom practice. London, Routledge.

第六章　我们需要怎样的评价?

> "以促进学习为目的的评价是我们提高标准和提高终身学习能力唯一的和最有力的工具。"
>
> ——评价改革小组，1999

本章纲要

本章将研究各种形式的评价，以及评价在促进有效学习的教学过程中的重要性。我们会探讨评价的各种目的和方法，区分形成性评价和总结性评价，包括其目的、优势和劣势。我们还会区分并研究对学习的评价，为了学习评价和作为学习的评价。我们将考量一系列的评价方法，并确定教师如何切实地使用形成性评价，以提高学生水平。通过以上努力，最终将厘清评价与教学、课程和学习之间的关系。

预期收获

读者将：

- 针对评价的不同目的发展自己的观点
- 利用各种技术提高评价能力

- 计划如何切实地使用评价来提高学习水平
- 厘清评价与教学计划的关系
- 思考如何在评价中发展教学

错误观点：评价是关于测试的评价。

引言

我认真思考过把"评价"这一章安排在书中的哪一章节合适。评价经常是教学和学习过程的辅助手段，但我认为评价相当重要，如果处理得当，可以极大提高教学质量。评价必须是教学计划的一部分。只有教师计划了预期学习结果，他们才能确定准确的教学方法或资源，评价学习是否成功，明确下一步骤。本章的内容建立在前一章教学计划的基础上，也是下一章差异化教学发展的核心。

直到最近，教育界才真正使用"评价"这个词。评价是通过测试来进行，评价和测试是一回事。讽刺的是，"评价"一词的词源是拉丁语"assidere"，意思是坐在旁边。但是在考试中，教师在不巡视的时候，只能坐在除了学生旁边的座位上。

在世界范围内，测试仍然是最常见的评价形式，而且这种课程结束式的、总结性的评价形式似乎永远不会结束。它有特殊和重要的目的，但在帮助学生学习方面却作用不大。我们将研究总结性评价的优势和局限性，以及作为持续教学过程一部分的形成性评价的类型。还将研究与评价能力和知识相关的不同挑战。此外，我们亦会简要探讨评价数据在教学过程中的应用。

评价目的

评价对于教学的发展必不可少。德拉蒙德（1993）强调，教师只有通过观察评价结果并试图理解它们，才能确保学生的进步和发展。评价有多种不同形式，且服务于不同目的。了解评价的不同目的十分重要，因为目的决定了评价的方法和工具。目前，有些人会建议，评估的目的太多且不明确，因此没有适当的工具来实现预期的结果。下一页的表格旨在总结一些不同形式的评价、评价对象、评价工具以及执行评价的主要责任。

从表中可以看出，评价的功能非常不同：

- 在国家、地区、学校、年级、学生层面进行比较
- 就业或接受高等教育的依据
- 保证学校、教师和部门的教学和管理质量
- 向家长汇报学生的学习表现和进展
- 检查学生学习情况
- 制订未来教学计划
- 合规性检查

因此，评价成为教学计划、学业报告、教学和管理质量保证的工具。实际上，最广泛使用和最多人理解的评价方法是总结性评价，对于许多教师行业外的人和一些教师行业内的人来说，评价的起点和终点都是总结性评价。下图是基于厄尔（2013）的研究给出的表格。

表6-1　评价的种类

方法	目的	评价对象	负责人/机构	工具	评价种类
学期末考试	评价学生的表现	学生 家长	考试委员会	考试	总结性
	进入高等教育或就业的依据	大学 教师 学生 家长	考试委员会	考试	总结性 规范化
	按国家标准评价学校和教师	政府 教育官员 学校领导 学校董事会	考试委员会和类似机构	考试	总结性
学年末考试	分析学习表现和进步情况	教师 家长 学生 学校领导	教师	考试 测试 教师评价	总结性
	报告学习表现和进步情况				形成性（用于分析学习表现和修改课程）
	评价教学表现	学校领导			
持续评价学生和他们的表现	评价进步 反馈并赋予学生权力 计划未来教学	教师 学生 家长	教师	观察 评分 测试 提问	形成性

（续表）

方法	目的	评价对象	负责人/机构	工具	评价种类
评价教学计划和学生作业样本	检查课程合规和课程范围 检查教学质量	班主任 学校领导	教师	工作监督 教师计划监督	形成性

总结性评价

如前所述，总结性评价很常用，通常在学校教学最后阶段开展。学生年龄越大，考试就越重要。最常见的总结性评价是单元结束考试、学期或学年考试和课程结束考试。总结性评价是对已经发生的学习的评价。

因为很多事情的重要性取决于考试结果，特别是在中学教育的后期阶段，所以总结性考试不可避免地给学生、教师、家长和朋友带来压力。在学生的一生中，此类考试显著影响他们作为学习者的自我形象、自尊心，并决定同伴和教师对他们的看法。为什么总结性考试在教育系统中扮演这样的角色呢？

1. 历史。教育本质上是一个保守的行业，总结性考试长期以来一直是既定制度体系的一部分，被父母和社会理解。由于每一所学校的期末考试都是由学校外部设置和评分的，因此它被视为判断学生在准备接受高等教育或就业方面质量的公平可靠的方法。总结性考试通常得到社会的信任，一些支持者将考试压力看作为现实世界和未来将面临的挑战和压力所做的准备。例如，在中国，几百年前，考试就成为进入备受瞩目的官员队伍的唯一方式。

2. 标准化和比较。外部考试主要根据国家标准或国际标准来评价学生（如PISA、TIMSS、PIRLS或ACER）。它们通常与国家课程标准相联系，因此允许国内的所有相关部门都可以比较学生、学校或地区的表现。对许多学生来说，考试是进入高等教育的障碍或门票（取决于你的看法），因此它被视为一种质量控制的形式。外部总结性评价最常见的是高等教育招生考试（高考），大学可以为学生设定入学要求分数。

在学校里，可能会按照总结性测试结果对学生能力分组。一些国家会针对不同学生的需求量身定制不同类型的中学教育。在过去，学生们在课堂上的座位往往是按照考试成绩的排名排列的，不断地提醒着学生，自己的能力是通过考试来衡量的。

活动

你花多少时间帮助学生准备考试？你能换一种方式吗？有更好的方式吗？你能花更少的时间准备考试吗？通过考试可以学到什么？（见反馈5）

3. 信息共享。雇主和未来教育机构需要根据独立信息做出录取决定；父母希望定期了解孩子的进步情况，而等待期末、半年度和年末成绩单是世界上许多家庭的习惯。在成绩报告单中，经常会有考试分数，或成绩档次。幸运的是，许多报告单内容越来越广泛，不仅仅只有考试成绩和名次，还包括对学生整个学习期间的评价。

我最近读了一则故事。一名十几岁的少年给父母留下了一张令人担忧的字条，字条上写明自己决定离家出走，放弃学业，打算与一个怀孕的老妇人生活在一起。他还解释了老妇人面临的健康和毒品问题，以及他为了与她在一起而放弃传统生活的原因。接着，他坦白，他其实在朋友家，而他的成绩单就在家里厨房的抽屉里。他也知道编故事不太好，但是希望能说服他的父母，让他们认识到情况可能变得更糟糕！

4. 质量保证。越来越多的人将考试成绩视为教育质量的指标，很大程度上，学校、年级和教师个人的成绩也通过校外考试来衡量，这无疑增加了巨大压力。然而，考试成绩确实也提供了有价值的信息，说明哪些方面进展良好，还有哪些方面需要改进。这在学生、班级、教学大纲规划或教学的层面上都是正确的。

无论总结性评价的必要性和重要性如何，它都存在许多不足之处，认识到这些缺点非常重要。在我看来，以下几点是最关键的：

1. 评价学习的局限性。任何总结性评价都只能检查学生长期学习过程中的一部分。因此，无论考试设计得多好，它都有可能受到偶然因素的影响。参与者可能很幸运或不幸运，他们遇到的问题可能恰好是强项或者恰好是弱项，尤其是通过笔试进行的总结性评价（尽管表演和创意艺术等科目通常进行与表演有关的总结性测验）往往更侧重于知识的获取和保留，而不是技能的发展，尽管许多国家在设计考查分析问题、解决问题和创造力的问题方面已经取得了重大进步。

2. 受时间和金钱成本的限制。总结性评价的成本很高，必须由教育系统的某个部门来承担，大量资金被用于制定和实施总结性评价。而且在许多国家，考试代表着可观的商业利益。制定符合目的、有效和可靠的评价不仅需要金钱和时间，而且需要任命和培训专门人员。整个过程需要质量来确保可靠性。

除了总结性评价的经济成本之外，还有涉及时间的直接和间接成本。学生参加评价的时间不能用于学习新知识，所以一学年中有几周甚至几个月时间专门准备此类考试，尤其是期末考试。这种努力成本相当大，许多人会认为这对学生或教职员工来说都不是利用时间的最佳方式。由此产生的压力也不利于学习，或者在很多情况下，不利于学习的示范。学生把大量时间花在复习考试上，从而减少了学习新知识的时间。

3. 评价的支配地位和课程的扭曲。在许多学校，总结性评价会支配教学。虽然教师有责任帮助学生准备考试，但评价要求会支配教学课程和教学方法。教学大纲可以简化成为了考试和考试技巧准备的教学，而不是为了实现终身学习的教学。特别是在小学，注重对读写和计算能力的评价会限制不需要被评价的课程领域的学习机会……我们是评价我们所重视的内容还是重视我们所评价的内容？

案例分析

我第一次在一个中东国家工作的时候，正值考试时间，我发现12-16岁的学生只有在参加考试时才到校。他们正在进行全国统一设置课程的期末考试。我被邀请阅卷，这次经历给我留下深刻的印象，男孩们在回答有关身体健康和运动锻炼的问题时，写下了许多很好的句子，更重要的是，许多学生写作时使用的句型十分相似。

在下一学年的晚些时候,我在同一所学校观摩课程,恰巧,教师在教授学生这一话题的写作。学生在回答同一问题时只写出了很少的答案,但却收到了教师的详细反馈和更正,并被告知他们必须学会写正确答案,因为这将有助于考试成绩提高。这样的标准程序完全掩盖了大多数学生学习的真实性质,这种做法使人对总结性评价的目的产生极大的质疑。在我看来,这是极具误导性的。

由于总结性评价的结果过于重要,出现不适当的教学做法也就不足为奇了。我听说校外出售考试答案的事情,还听说过一些精心设计的作弊制度偶尔也会得到教师的纵容,因为教师知道自己也将会根据学生的成绩来评判教学水平。在问责制度发达的国家,压力会促使教师和学校领导为了提高学生的学习成绩而不惜破坏信任和保密协议。

最后,总结性考试的地位削弱了形成性评价的地位和教师评价的权重。

4. 一次性。总结性评价在每年的特定时间进行,而学生在这段时间可能身体健康或者不健康。例如,在英国,大多数考试都在初夏进行,初夏通常花粉含量较高,很多学生患有花粉热,如果靠药物控制通常会导致过度嗜睡。对于穆斯林学生来说,当考试遇上斋月时,学生会因斋戒感到过度疲劳。虽然他们可以免除在这个时候斋戒,但是很难。有些学生的家庭和个人情况可能会发生变化,严重影响考试成绩。虽然可能会有一些制度支持异常情况,但由于相关的考试压力,许多学生还是表现不佳。

如果教师有足够的证据证明学生在一段时间内的学习情况时,

过于强调一次性考试似乎是不明智的。持续的评价应该提供更准确的信息，并作为评价学生进步和成功的基础。要做到这一点，就需要整个社会信任学校及教师的专业性。在某些情况下，这还意味着要求教师对评价的准确性和诚实性承担更好的责任，但这与学校如何承担责任这一更广泛的问题有关。当学校地位和个人奖励与学生的表现联系在一起时，不管依据何种标准，都很难保证考试完全的诚实和公正。

5. 缺少形成性反馈。形成性评价提供了反馈循环模式，为教学提供信息。总结性评价，就其性质而言，是在一个过程的末端。一旦学生在学业结束时取得了最终成绩，就是不可改变的。但是，学校可以通过分析总结性考试，确定课程中学生表现特别好或特别差的方面，并利用这些信息来调整课程和教学，为未来的学生改进课程。

从图6-1可以看出，形成性评价和总结性评价之间存在一些共同之处。

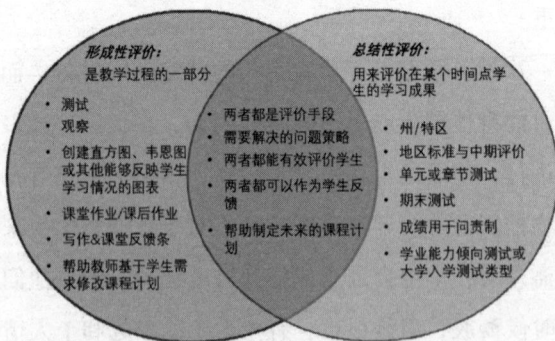

形成性评价：
是教学过程的一部分

- 测试
- 观察
- 创建直方图、韦恩图或其他能够反映学生学习情况的图表
- 课堂作业课后作业
- 写作&课堂反馈条
- 帮助教师基于学生需求修改课程计划

- 两者都是评价手段
- 需要解决的问题策略
- 两者都能有效评价学生
- 两者都可以作为学生反馈
- 帮助制定未来的课程计划

总结性评价：
用来评价在某个时间点学生的学习成果

- 州/特区
- 地区标准与中期评价
- 单元或章节测试
- 期末测试
- 成绩用于问责制
- 学业能力倾向测试或大学入学测试类型

图6-1 形成性和总结性评价

图片来源：https://i.pinimg.com/originals/af/c6/7c/afc67c652d989ff44daf3104efcb86be.jpg.

形成性评价

形成性评价是一种纳入正在进行的教学中的评价。从评价中获得的信息被用来调整教学以满足学生需求。形成性评价不是一系列的小总结性评价,它包括为了学习的评价、同伴评价和自我评价以及作为学习的评价。

莱希和威廉(2009)从学校工作中发现,当形成性评价与教师课堂活动相结合时,学生的学习成绩就有可能大幅度提高,速度可以提高70%—80%。

图6-2 评价循环

图片来源:www. Pinsdaddy.com.

克拉克(2005)在下表中区分了教学中的成绩导向和学习导向:

表6-2 成绩导向与学习导向

成绩导向 (我想取得好分数/优异成绩/第一)	学习导向 (我想努力学习吗?我想知道如何提高学习)
相信能力会带来成功	相信努力通向成功
关注被认为有能力和能够胜任	相信自己的学习能力和进步能力

成绩导向 （我想取得好分数/优异成绩/第一）	学习导向 （我想努力学习吗？我想知道如何提高学习）
比别人做得好或不费力气获得成功的满足感	偏好具有挑战性的任务
强调人际竞争和公众评价	在艰巨的任务中获得个人成功的满意感
无助：难以完成任务时，对自己进行消极评价	在工作中运用解决问题和自我指导的能力

形成性评价让更多的学生在获得结果方面发挥着重要作用。哈蒂的研究（2012）表明，提供形成性评价（效应量为0.90）是影响学生成绩的最有效教学策略之一。

最近的研究明确指出了形成性评价的价值，以及它如何成为改善教学的积极因素。布莱克和威廉（1998）在他们具有影响力的著作《在黑盒子中》中写道："我们的主要论点是，只有通过教师和学生在课堂上直接实施的改革才能提高教学标准。有大量确凿的证据表明，形成性评价是课堂教学的重要组成部分，它的发展可以提高学生的学习成绩。没有其他提高标准的方法可以提供如此有力的初步证据。我们呼吁，相关教育部门的决策者要抓住机会，并在发展形成性评价方面起带头作用。"

形成性评价的优点如下：

- 结果的及时性使教师能够在学习过程中迅速调整教学
- 被评价的学生将从调整中受益
- 学生可以利用评价结果来调整和改进自己的学习[1]

---

[1] 参见 https://k12teacherstaffdevelopment.com/tlb/benefits-of-formative-assessment-in-the-classroom.

　　形成性评价是持续的，它需要在课程开始时（尤其是新主题开始时）、课程期间和课程结束时进行。计划和教学中一个重要但经常被忽视的因素是，教师需要了解学生在进入新的学习领域时已经掌握的知识。同样，教师需要知道学生哪里存在误解或不确定的知识。奥苏贝尔等（1978）指出影响学习的最重要因素是教师确定学生已经掌握的内容，并针对性地教学。如果教师教的是学生已经知道的内容和掌握的技能，那么从定义上讲，学生就没有在学习。如果学生没有学习，那么教师的工作是失败的。

　　在课程中以及每节课结束时进行的评价将与学生分享的具体预期成果有关。我曾参加了一个关于形成性评价的教师发展会议。在这个国家，对于习惯了考试和测验的教师来说，形成性评价是一种新的工作方式。在会议期间，教师们变得越来越压抑和沮丧，因为他们觉得自己被要求进行多个小型总结性评价，增加了不少工作量。事实上，形成性评价必须通过提问、复习、快速测验、研究学生作业和活动等方式来融入教学（克拉克，2005）。

　　布莱克和威廉（1998）确定了与形成性评价相关的以下五种策略：

- 与学生分享成功的标准
- 课堂提问
- 评论式评分
- 同伴评价和自我评价
- 总结性测试的形成性使用

　　在逐一研究每个问题之前，需要指出的是，形成性评价是基于教师和学生对教学结果共同负责的观点。这可能不被所有人接受，尤其是那些把教学看作是教师的责任而把学习看作是学生任务的人。形成性评价承认伙伴关系，但教师作为有偿的专业人员，必须承担起创造条件的责任，让学生能够发展技能，提高学习。

1. 与学生分享成功标准。在教学计划这一章中，你知道了明确的学习成果的价值。教学计划可以使课程目的和过程更加清晰，并且具有较强的逻辑性。如果学生在学习过程中被视为伙伴，他们也需要知道课程目的和应该学习的内容。越来越多的人认为分享学习成果是一种有效的学习方法。然而，仅仅分享学习成果是这个过程中很小而且操作容易的部分。如果要有意义地分享并对结果产生影响，就必须使用学生能够理解的语言。分享结果可以帮助学生专注于未来课程。如上所述，我们很容易忘记每天从一个科目转到另一个科目所需要的脑力锻炼，学生突然被要求回忆并联系几天前的课程，而之前的课程中还有许多其他的学习内容。

我相信，分享成果适合所有年龄段的学生，小孩子会因为知道自己在一节课或一个话题结束时能够做什么，看到成功的模样而兴奋不已。从小开始，就要创造条件，让孩子把自己看作学习过程中的积极参与者。例如，在幼儿园里，我曾看到孩子们通过竖起大拇指，贴上红色、琥珀色或绿色的交通信号卡，或走到有相同符号的垫子前来评价自己的学习能力。然而，我怀疑，让写作十分困难的幼儿写下每节课的学习成果是否明智，因为对于幼儿来说，这会占用大量可用的独立学习时间。我不知道这是为谁准备的，有什么作用。

分享学习成果是形成性评价的第一步。最重要的是，在关键、合适的时间点回顾学习成果。在课程的最后阶段，教师和学生需要反思已经发生的学习以及在实现预期学习成果方面所取得的进展。全班活动需要多样化，可以采用多种方式：写便利贴；一个简单的任务；一次测验；讨论；随机提问；学生用大拇指、交通灯或其他一些简单方法进行自我评价。

西拉杰·布拉奇福德等人的研究（2011）表明，优质学校的教师通过全体会议来回顾课程、提供反馈、挑战思维和深入讨论的机会是表现不佳学校教师的两倍。

我们引入了一些首字母缩写词，以提醒教师和学生必须清楚地了解所学内容。例如，在一些教室中随处可见"WALT"（我们今天学习的知识）和"WILF"（我今天期望获得的知识）。在有效理论的支撑下，对一致性和常规性的追求可以看作是一种负担。在一篇由匿名教师写的文章中，作者对缩写词进行了批判性的描述："它们往往代表着僵化的、独断的政策，剥夺了教师的空间，不让他们用自己的理解来解释背后（通常是合理的）的理论。这些看似无害的字母假定每个教师都缺乏能力和专业精神，大大割裂了教师（本已有限的）的时间。"[1] 再次强调，影响学习的不是工具，而是使用工具的方法。

并不是所有的课程都要遵循可预测的模式。我曾见过一些优秀的课程，有能力的学生使用各种线索与教师互动，以确定不同层次的学习成果。这种方法并不是对所有的学生都有效，但它是一种很好的方法，能让学生参与所讨论的课程和后续的学习中。

2. 课堂提问。下一章将更全面地讨论教师的提问策略。在形成性评价中，提问是一种核心的、简单的方法，可以帮助教师了解学生在课堂上的理解情况。如果教师要提出好的问题，则需要

---

[1]　https://www.theguardian.com/teacher-network/2015/dec/26/secret-teacher-awash-with-useless-acronyms.

掌握适当的技巧。全班同学异口同声地回答问题的方式掩盖了多少学生已经理解、多少学生未理解的真相；教师需要了解学生和学习目的，选择适当的问题，并针对班级的不同水平的学生进行提问。另一种是倾向于让你认为（可能下意识地）可以正确回答的学生回答问题。针对不同的学生提出合适的问题是持续差异化的一部分。布莱克等人（2003）指出，教师如果认真思考提出的问题，为课程的不同部分设计重要问题，思考问题之间如何关联，必将受益匪浅。

我认为，尤其是在处理一些小学和中学早期课程的简单问题和基本概念学习时，使用迷你白板是形成性评价中的一个优秀策略。教师提出问题，然后学生把答案写在白板上。这样，教师能够一目了然地了解每个学生的学习状况。随着技术发展和平板电脑使用，现在已经有了一些系统，可以让学生在笔记本电脑或平板电脑上记录答案，将正确或错误的答案立即输入到交互式白板上，并由教师对个别学生或群体进行相应的干预。

3. 评论式评分。给学生作业评分是教师的重要工作之一，也是形成性评价的重要组成部分之一。批改的工作量随所教科目、所教课程、学生年龄和班级规模的不同而不同。我的妻子是一位勤奋的中学英语老师。她的班级里有30位学生，教学任务繁重。我知道批改作业需要花费多少时间，尤其是包括写有价值的书面评论。研究表明，学生们只是想知道自己的学习表现，所以他们认为分数比反馈更重要。为了使评论式评分有效，学生需要知道预期的学习结果、他们的表现以及下一步如何改进。最好将评论式评分作为一个持续过程，在此过程中，学生缩小实际表现和期望水平之间的差距，做出改进获得学分，并得到下一步的具体指导。我不是说不应该给学生评分，可以偶尔给他们评分，但是要把评论式评分作为常态。如果给了分数，教师之间必须有标准化评分，否则毫无价值。

哈蒂的研究（2012）表明，反馈对提高教学标准具有重大影响。评分必须在合理的工作量内进行；小班授课、教学投入低的学科教师可以抽出时间提供定期、更详细的评论。我现在看到的评分系统具有更大的灵活性，尤其是语文学科方面的评分系统。评分系统会显示，在某些时间教师会对某些作品或某些学生进行详细的评论。这样，所有学生都知道他们何时可以获得"快速评分"或"详细的形成性反馈"。在批改特定作业时，教师会有一个具体的已知的而不是整体的关注点。

在一些非常有效的评分系统中，教师和学生通过评价进行了真正的互动。教师留下评语，要求并引导学生做出回应，随后进行了真正的对话，扩大了学习的范围。

4. 观察学生。除了以上列举和描述的三项策略之外，我还想补充一下前面所说的总结性评价的使用，以支持未来的教学计划和教师观察。这一点对于处于早期教育阶段的孩子来说尤其重要。因为幼儿是通过游戏来学习，书面语言是偶尔的，不是展示学习的主要媒介。幼儿园教师通常具有很强的观察能力，但对于年龄较大的学生来说，教师并未充分利用这种观察能力。体育、设计和技术教师会密切关注技能是如何付诸实施的，科学教师会观察实验是如何进行的，但其他学科的教师也可以从观察中了解学生的很多情况，包括：

- 学生有多独立？他对别人的依赖性有多大？
- 学生如何与同伴互动？尤其是在团队合作时。

• 学生如何适应一项任务？为什么有些学生在没有充分考虑的情况下就匆忙加入任务；有些人因为某种原因而没有开始任务？

• 学生对现有资源的利用程度如何？

• 学生注意力集中的广度和跨度如何？

• 哪些因素会分散学生的注意力？

• 当学生遇到困难时，他们如何反应？

• 他们的工作效率如何？是什么原因造成的？

• 学生有未知的视力或听力问题吗？

通过仔细观察，教师可以了解到影响学生的学习、进步和表现等更广泛的问题，并通过细致的反馈，帮助学生理解这些问题并与教师一起改进。

活动

你如何确保评分代表你的时间价值观，并对学生的学习产生显著和积极的影响？请与书后面的建议和反馈（反馈6）对照，查看你的回答。

5. 同伴和自我评价。同伴评价和自我评价既构成了对学习的评价，也构成了对教学过程中作为学习的评价。要让同伴评价和自我评价有意义，教师需要投入时间支持学生发展此类活动的技能。同样，我相信开始这个过程的年龄永远不会太小，可以鼓励孩子们思考别人给出的答案（以及教师给出的信息），帮助他们思考什么是对的，什么是错的，哪些可以改进。为了建立一种有效的学习评价文化，教师需要让人们看见学生所做的事情，包括学习成果和成功的标准，并将学生视为了解自己学习并支持同伴学习的关键成员。这种评价方式适合在欢迎意见、尊重意见，并将寻求改进视为目标的文化中进行。反之，在有些文化中，答案只有简单的对或错。自我评价的过程包括设定预期成绩或者特定的结果，但如果学生要了解自己做得多好并反思和承诺下一步的工作，就需要更深入地了解。

同伴评价要求自我评价中所提到的一切都到位，甚至更多。教师必须创造一个安全环境，让学生在学习过程中将彼此视为伙伴和支持者。学生们必须互相尊重，超越个性和友谊，这是学习和学习成功的关键因素。学生还需要发展一种学习语言，以连贯的方式反馈自己的想法和观点。通过这样的活动，学生们不仅在发展对方，而且在发展自己。同伴评价帮助他们发展自己的语言能力和对特定学习的理解，并接触到不同的思想和处理课题的方法。

案例分析

一位英语老师正在培养15岁学生的创造性写作技能。学生感觉写作很难，而教师认为，在写作的初步练习阶段，更多的同伴支持和想法讨论将让学生们受益。她找到上一年级学生的一些作文，分享了涵盖大部分能力水平的匿名版本。她和同学们讨论了阅卷员在作文中寻找什么，然后分享了基于教师阅卷评分方案的简化标准。学生使用彩色记号笔浏览具体的内容，以一种颜色标记积极的例子，另一种颜色标记需要改进的内容。先与同伴讨论，然后分组讨论，最后全班讨论。在课程结束时，学生被要求写两到三个积极评论，并列出证据和改进建议。

在之后的课程中，教师给学生布置写作任务，要求完成两段作业。内容包括环境介绍，运用有趣的形容词，增强描述场景的氛围和情绪。接下来的课上，首先由学生交流自己的作品，同伴指出积极的地方和需要改进的地方。然后，他们一起讨论自己喜欢的内容以及如何改进写作。同伴还提供书面评论，然后文章作者回复并提出打算采取的行动。最后，学生结合反馈意见进一步完善他们的草稿。同伴评价有助于提高学生水平，所以它成为一种普遍做法，受到所有人的欢迎。

评分

本章前文已经讨论了评论式评分，并介绍了它作为形成性评价手段的价值。评分很重要，因为学生如果要积极寻求改进自己的学习，就需要建设性的反馈。重要的是，评分必须可靠且有效。外部考试有明确的评分方案，如果一道题目有多个评分人，就需要进行调控。某些试卷评分较难保证一致性和准确性。例如，在英语考试中，学生写文章，评分的客观性就很难保证。我以前是英语作文批阅员，通常在常规工作之前的深夜或凌晨开始批阅。我知道作文评分的要求十分高，也知道每一次批阅都可能对学生的期末成绩和未来发展产生持久的影响。

教师必须严格设计和评价内部的总结性任务，这一点很重要，但是要客观对待认识的学生就比较困难。对于内部测试，让没有教过这些学生的教师评分，并进行审核，通常是一个好主意。评分必须有明确的标准，并且注意考试内容和分数分配。考试结果应与国家标准相联系，以便学生和教师都能从评分中清楚地了解到学生在国家期望值方面的进展情况。

为了保持一致性，一些学校制定了评分标准，规定教师通过一系列标准化惯例处理特定的错误，例如拼写错误。此外，学校还可能会提供如何纠正错误的指导意见。对于成绩较差的学生来说，如果他们的作业被多次修改，可能会降低他们将来承担此类任务的信心。优先处理要点是很重要的，无论采用何种评分标准，教师都必须有很强的专业决策能力，根据教师对每个学生的了解来确定哪些是最重要的反馈和问题。在形成性评价方面，反馈可以通过多种方式进行。

评分时，重要的是确定教师是根据评分标准（表现水平）还是努力程度评分，抑或两者都重要。这两者远非同义，学生需要对这两方面同时进行反馈，仅看成绩并不是正确的方法。

评价技能和知识

克拉克（2005）在其关于评价和学习成果的文章中，区分了具体学习成果与过程性成果之间的区别，具体学习成果与一堂课或系列课程相关，而过程性成果更加普遍，能够指示不同背景下的真实学习。个别课程成果为该课程的学习提供了背景，有助于更广泛的学习。例如，在一门课中，学生学会写一封给商店经理的投诉信，而更广泛的目标是在各种情况下有效地完成有说服力的写作。前者的学习成果类似于"用公认的格式给店主写一封投诉信，简述投诉原因以及写信人对收信人的期望"，而更广泛的过程目标是用不同的体裁写作，以说服读者响应作者的观点。

有一名学生在参加数学考试后，责备我没有教她关于足球比赛的知识，我显然在教学中失败了。她在一群足球观众中做数字的加减法的时候，觉得自己缺乏正确回答问题的技巧。

此外，学生们会受益于知晓自己应该在什么水平上表现出适当的成绩。我们将在差异化一章中进一步探讨选择，但我更倾向于给学生提供一系列可以展示自己成功的不同水平，避免大量的书面作业和具有争议的问题。在数学学科，尽管有客观的正确答案，但是有不同的解题方法。在解题的过程中，都会有关于学习成果实现程度的判断。

在技能发展方面，同样需要教师再次进行判断和反馈以支持学生的持续发展。可以为学生不同发展阶段的期望提供一个模板，根据模板做出判断。判断的标题通常是"掌握"程度：超过，符合，发展或朝着期望前进。在某些情况下，可以用说明所需要的学习水平的陈述来支持这些期望，或给出数值。当我们讨论课程时，我们还要回到这个主题。

数据

巴尔斯等人（2014）联合CFBT教育信托基金（现在被称为EDT）开展了一项研究，考察伦敦公立学校迅速改善的一些原因。学校领导和教师对数据的积极利用是原因之一。这些数据以评价数据为主，用于追踪学生个人和群体的进步，并设置成绩目标。

伍兹和麦克法兰（2017）认为，数据使用是发展21世纪高效

能学校的重要内容之一，将学业表现数据的定期分析和取证分析
与改进策略的讨论之间建立明确联系。

一些教师对数据使用非常谨慎，这可以理解。如果测试准备
不充分或者标记不清，则无法生成有意义的数据。

活动

如果一个班级中很大比例的学生在测试中获得高分，这能告
诉我们什么呢？把你的想法写下来，然后翻到本书的末尾，阅读
对该数据的一些可能的解释（见反馈7）。从解释列表中很明显可
以看出，两极对立可能是有效的。然而，大多数测试都是按照合
理的标准命题和评分，数据的图示可以支持信息分析和未来计划。

下一节将提供多种数据形式。以图表方式提供信息，可以更
容易地看清趋势和模式，并提供相似水平学生表现的说明性信息，
并对不同学生群体进行分析。

例1

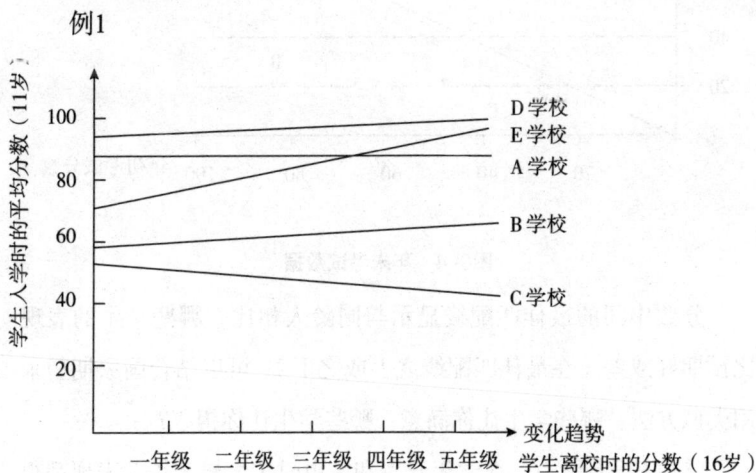

图6-3 数据：哪所学校最好？

例1展示了学生入学和离校时标准化平均能力分数。在某些情况下，平均进度有了非常明显的变化。如果作为家长考虑给孩子选学校，就会对此类学校保持谨慎态度，并会对学校E的上升轨迹感兴趣，想知道是什么原因造成的，以及上升能否持续。你也会有很多其他的标准来判断一所学校，这在很大程度上取决于你如何重视成绩和进步或者更广泛的学校问题。类似的数据形式可以说明个别学生、小组和班级的进展情况。

例2

使用散点图（见图6-4），你可以查看哪些学生的进步幅度大，哪些学生的进步幅度小。

年末考试分数

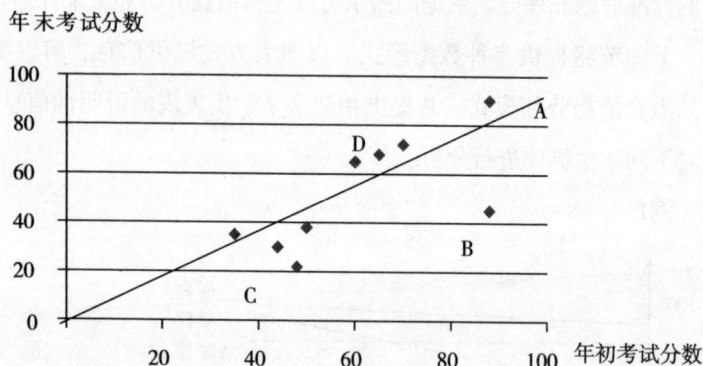

图6-4　年末考试数据

分数中间的最佳匹配线显示与同龄人相比，哪些学生的表现比预期好或差（在最佳匹配线之上或之下）。可以结合国家期望采用类似方法。哪些学生让你满意，哪些学生让你担心？

学生A很有能力，在学年开始和结束时（大概全年）表现都很好。D组学生成绩不是很高，但全年一直表现不错。C组学生能力较差，他们全年表现略有下降。学生B在年初表现出了很强能力，但到年底就表现不佳。这可能与态度、努力程度、考试成绩、不投入或学校以外的个人问题相关。数据提出了问题，而不是答案。表现不佳学生（C组）的问题表明教学没有帮助他们学习。一旦学生对自己的学习能力失去信心，自我形象下降，就会进一步影响学习态度，即哈蒂所说的恶性循环。

例3

图6–5是简单的柱状图（简单的计算机软件可以将数据转换为图表形式），对年级组各班考试成绩进行比较。每个班级按性别分别显示成绩。考试是统一的，由年级组长而不是个别教师出题，尽管其他教师在考前见过题目。班级由三位不同的教师（A、B和C）授课，老师A教授1班和2班；老师B教授3班和4班；老师C教授5班和6班，这些班级的学生能力参差不齐。

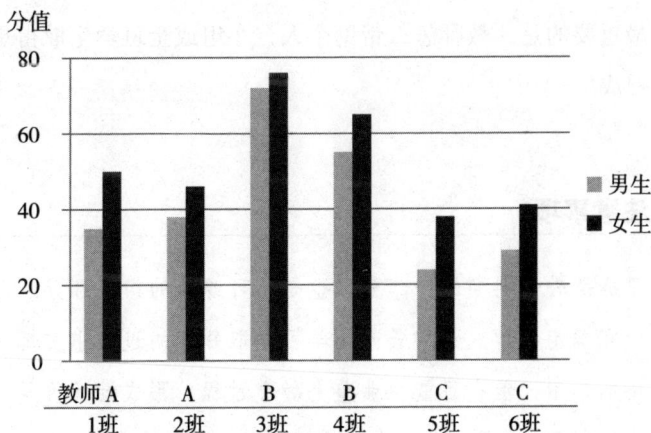

图6–5　按班级和性别划分的年末考试分析

活动

如果你是课题负责人或年级组长，你将从结果中得出什么结论？你会问什么问题？把你的答案与本书的最后部分核对一下（见反馈8）。

只有分析测试结果并采取行动时，测试才有价值。因为测试结果不同，会暴露出不同的需要解决的问题，所以测试结果对于满足班级中不同学生群体的需求十分有用。比如：

- 能力强的学生是否做得很好？他们是否受到了足够的挑战？
- 能力一般的学生进步情况如何？
- 能力较差的学生能否取得预期的进步？
- 男孩和女孩在进步和成就上是否有差异？
- 新生表现如何？
- 非母语学生的学习表现如何？
- 整个班级的进步是否符合预期？

最重要的是，教师怎么帮助个人、小组或全班学生取得更好的学习成果？

◉ 注意事项

评价是教学周期的一部分，也是不可或缺的组成部分。总结性评价在确定教学成果和长时间学习获取知识的过程中发挥有用和必要的作用，但也可能扭曲整个教学过程。形成性评价是支持教学的潜在强大工具。如果有效使用，可以提高教学标准和水平。

教师通过不断收集信息，评价教学影响，确定积极学习领域。

在了解学生之间存在差异的情况下，可以确定需要发展的领域，并制订计划以消除预期和实际学习成果之间的差距。在这个过程中，积极参与整个过程的学生收获会更大，成功的可能性就会更高。这不仅因为该学生的付出和能力，而且因为一个教师，无论多么出色，都不可能满足所有学生的需求，所以学生必须发挥自己的主观能动性。

评价是教学过程中不可或缺的一部分。持续的形成性评价可以帮助教师更好地教和学生更好地学。如果评价仅限于测试，则不能发挥积极的作用。下一章着重讨论提问策略和教师谈话在发展学习中的作用。

活动

思考并注意一些切实可行和直接的方法，你可以通过开展形成性评价，帮助提高学生的学习成绩。

补充书目

Assessment Reform Group (1999) Assessment Beyond the Black Box. Cambridge, UK: University of Cambridge School of Education.

Bartlett, J. (2015) Outstanding assessment for learning in the classroom. Oxfordshsire, UK: Routledge.

Earl, L.M. (2013) Assessment as Learning. California, USA: Corwin.

Earl, L.M. available at: https://rheaaslearner.wordpress.com/

reflective-log-no-2-rethinking-classroom-assessment-with-purpose-in-mind.

Assessment-available at: http://nuffieldfoundation.org/assessment-reform-group.

http://dylanwiliam.org/Dylan_Wiliams_website/Welcome.html.

http://www.bbc.co.uk/northernireland/forteachers/curriculum_in_action/assessment_for_learning.shtml.

https://k12teacherstaffdevelopment.com/tlb/benefits-of-formative-assessment-in-the-classroom.

https://cambridge-community.org.uk/professional-development/gswafl/index.html.

https://curriculum.gov.mt/en/Assessment/Assessment-of-Learning/Documents/assessment_of_for_as_learning.pdf.

Walt and Wilf-available at: https://teachling.wordpress.com/2013/09/24/meet-walt-wilf-wala-tib.

Plenaries-available at: https://www.teachertoolkit.co.uk/2017/05/22/plenaries.

https://www.bloomsbury.com/uk/secondary-starters-and-plenaries-9781408193570.

https://www.theguardian.com/teacher-network/2011/oct/31/pedagogical-excellence-primary-plenary.

第七章　我们如何通过谈话和提问来发展学习？

> "问题能唤醒人们。问题提出新的想法，向人们展示新的地点和新的做事方法。"
>
> ——迈克尔·马奎特

本章纲要

本章关注课堂互动，尤其是教师如何组织讨论，掌握提问艺术来引导学生学习。我们将研究一系列的提问技巧，回顾研究中的经验教训，使教师反思授课的时间量，如何让学生参与讨论，如何使用提问策略提高学生学习水平。提问是吸引学生、发展和评价学习以及决定学习氛围的关键因素。

预期收获

读者将：

- 反思教师授课和教师提问的研究结果
- 思考问题的类型及其在发展学习中的相对价值
- 提高提问技巧，以促进学生学习

- 思考如何提高提问技巧，以促进学生学习
- 研究不同的提问技巧及其对学习的影响
- 探讨教师授课与学生参与之间的关系

错误观点：教师的工作是授课，学生的任务是听课。

引言

教师需要为学生提供主动参与学习的机会。但是，课堂上，教师说话往往太多。在教学过程中，信息的传递是关键因素，但是如果要有效传递信息，就必须有一个积极倾听的过程。为了有效地传达信息和知识，教师需要了解沟通和交流的过程，知道什么时候说话，可以说多久，什么时候保持沉默以及如何以一种吸引学生的方式说话。

历史上，教师一直被视为知识的传授者。目前，输入式的教学模式在世界各地的许多课堂仍然流行。传递信息可以为进一步的学习提供基础。勤奋和专注的学生专心听讲，吸收知识，并重现知识，这对成功通过考试十分有用。然而，对于深度学习、培养终身学习所需的学习技能，以及21世纪不断增长的、熟练工作所需的学习技能方面，基本无效；对那些学习积极性较低、课堂听课有困难的学生来说，它也是不合适的；对于需要通过教师改进教学方法和改进教材来提高学习水平的学生来说，也远非有效。

教师授课

教室是教师讲授、学生倾听的地方。这是我们大多数人接受

的教育制度，也对我们产生了深远的影响——毕竟，我们是其成功的产物。讲授是教师必须使用的技能和方法之一，关键是要掌握授课的时间、数量、程度和平衡的问题。教师不能在大部分时间都用一个固定姿势与学生说话；对学生来说，课程已经失去了相关性，似乎在听但没有听，或者行为不当。

我记得，当我还是一名年轻教师的时候，读到富兰德斯的互动分析法（见本书的参考文献），开始着迷于探索师生谈话关系。像许多分析工具一样，它也因为某些分类依据而受到了批评。但对我来说，这基本上是无关紧要的。它带给我的疑问是，教师应该讲多少，给予学生多少讲话的机会。作为一名聋人教师，我的主要职责之一就是培养学生的说话和倾听能力，我一直将其视为正常的练习。令我惊讶的是，在课堂研究中，教师的讲话占据了压倒性的主导地位，而且这些讲话大多与教学常规有关，而与学习发展无关。顺便说一句，与失聪儿童有效沟通的诸多困难是我日常生活的一部分。当我手持白手帕主持第一次校际失聪儿童足球比赛时更是困难重重。每次停止比赛都要花费很长时间，又进行了几回合比赛后，所有的球员才都收到信息。此时，几乎没人记得停止比赛的原因，更少有人会同意停止比赛。

在我职业生涯的后期，我成为一所高中的第一位专家教师，为聋哑儿童提供个性化课程。这所高中的资源是为聋哑儿童提供的，个性化课程占他们课程表的50%—100%不等。在我离开学校之前，我与教师们谈话，他们说学校里的聋哑儿童迫使他们思考在课堂上使用的语言。他们认为，这对所有学生都有极大的好处，尤其是能力较弱的学生。对能力较弱的学生来说，使用标准的"教师语言"往往会减少他们加入课程的机会。教师意识到他们已经对自己使用的语言做出假设，但是新的同龄群体的加入鼓励教师从学生角度思考教师语言。

案例分析

在我的脑海里浮现出一位12岁女孩的脸。她在糟糕的教育体制下，全神贯注地上数学课。她努力按照老师的讲解来完成小数乘法题目。她仔细听讲，但却未从讲解中得到收获。老师依靠技术语言反复解释规则，但是女孩或她的大多数同龄人几乎无法理解教师词汇。与其他同学不同的是，这位小女孩并没有放弃，而是专心地听着。她试图完成计算，但很明显，她不了解小数的概念，不了解相关语言，不知道她的答案是否正确，也不知道小数在生活中的重要性。她学习上的失败并不完全是因为教师的课堂语言问题，也因为教师缺乏评价和差异化教学方法。但是，在教师话语占主导地位的情况下，这种失败很有可能经常发生。

教师授课

为什么教师说那么多话？可能的原因有很多，其中一些是下意识的：

- 他们认为这是传授知识的最佳方法
- 自己的学习经验
- 保持课堂的控制权
- 避免面对学生回答问题的真实反应

- 简化课堂管理
- 缺乏替代方案，包括资源
- 害怕或不知道有其他选择

当然，教师讲课不仅是合理的，而且是发展学习的重要手段，但是高水平的教师必须要控制：

- 他们讲话的频率
- 他们讲话的原因
- 他们使用的语言
- 他们希望从学生那里得到的反馈
- 他们讲话的时间量

在我职业生涯的一个阶段，我曾到一所大学待了半天，与本科生一起上公共管理课程。在与他们的讨论中，大家一致同意授课应该是互动式的，由两个小组辅导老师主持，学生分成两组参加。第一节课结束后，我接待了一个学生团队，他们要求将讲座恢复到由我一个人授课的传统形式，但又要保证他们充分参与研讨会。学生们习惯了一种理念，即知识传授给他们，他们就能吸收知识，并为此感到欣慰。他们不希望在太多人面前与新想法苦苦挣扎而曝光自己。我对于目前学校活动的参与度持乐观态度，只要课堂有真正的互动和交谈，学习质量就不会差。

关于教师的研究是怎么说的？

有效讲解对于学习的发生很重要，可以防止浪费学习时间。尤其在确立一个概念的基本要素时，有效解释十分高效。当学生要迈向更高层次学习时，教师必须有效解释。

根据雷格和布朗（2001）的研究，7个关键的方面使解释有效。它们是：

- 清晰——表述清晰并调整到适合学生的水平
- 结构——主要观点被分解为有意义的各部分，并按逻辑顺序联系在一起
- 长度——相当简短，并穿插着问题和其他活动
- 注意力——演讲时充分利用声音和肢体语言来保持学生的注意力和兴趣
- 语言——避免使用过于复杂的语言，并解释新的术语
- 范例——使用示例，尤其是与学生经历和兴趣有关的例子
- 理解——允许教师监督和检查学生的理解

哈蒂（2012）指出，有必要大幅改变课堂中教师与学生对话的比例。他引用了亚伊尔（2000）的研究，证明了教师授课时间与学生缺乏参与度之间的关系。哈蒂（2012）指出，教师在课堂上平均讲话时间占70%—80%。哈德曼、史密斯和沃尔（2003）对英国小学读写和算术课程的课堂教学进行了详细而复杂的研究。他们发现，在最有效的课堂，教师为学生创造了更多的参与机会。哈蒂同意帕克（2006）的观点，即教师倾听和交谈一样重要。巴赫金（1981）认为教师在课堂上单独授课或师生对话，前者重视知识的传播，后者关注共享、发展协作和个人意义。里斯和沃克（2003）指出，讨论和辩论能够吸引高水平学生参与，而教师授课毫无疑问降低参与度。

专注力持续时间

在我们赖以生存的快节奏、低注意力的世界中，持续依赖听觉的人正变得越来越少。我的祖父母年轻时，收音机是主要的娱乐物件，他们会花费很长时间倾听人的声音。我们的祖先的主要娱乐方式是家庭或社区的说书人。电影和更广泛技术的出现使娱乐和交流成为一种高度关注视觉的多媒体，而听觉元素通常起辅助或支持作用。许多电脑娱乐也是高度个性化。美国的研究表明，在学校生活中，儿童和年轻人，尤其是来自社会经济背景较差的家庭，在屏幕前的时间远比在教室里的时间多。①

儿童能否专注于任何媒介（包括口语媒介）取决于许多因素。在任何课堂上，都会有相当大的差异。以下是一些关键因素：

- 实际年龄
- 对主题的兴趣
- 个人健康
- 听力
- 认知能力
- 先前经验
- 一天中的时间
- 实体环境
- 与演讲者的关系

关于普通学生专注力的持续时间，研究结果各不相同。但大多数研究认为，在许多文化中，学生的专注力比往年下降。本章

---

① 参见 http://www.screenfree.org/wp-content/uploads/2014/01/screentimefs.pdf.

末尾，附上了相关参考文献和补充书目。专家们也建议，学生每年专注力时间增长2—5分钟，例如，一个10岁的孩子的专注力应当在20—50分钟。我使用一个粗略规则，学生一次可以倾听大约相当于他们实足年龄+5分钟的内容。因此，一个5岁的孩子能坚持听10分钟，一个8岁的孩子能坚持听13分钟。基于我的经验，在大多数情况下，低估一群人的专注力持续时间比高估好，改变重点可以重新激发注意力。读者需要注意的是，这个公式不会无限期地延长，我们在十几岁和二十几岁的时候注意力的持续时间会达到顶峰！规则是危险的、不完美的，有能力的教师会不断地观察课堂，判断学生对教师授课有何反应，并相应地调整计划。

教师提问

教师提问的形式和目的多种多样。通过提问来发展学生学习的最有效方法是：

• 获得反馈，让教师指导学生已经理解的内容以及需要进一步解释的内容

• 拓展学生的思维和学习

• 促进学生思考

• 探究学生的理解力

• 激发学生的兴趣

• 征求学生的观点，并允许表达个人的意见

• 获得广泛的观点和想法，为全班同学提供资源

• 复习、修改和巩固学习

此外，教师还会因为管理上的原因，采用提问的方式，创设

有效学习的环境；在这种情况下，教师可以使用以下提问方式：

- 让学生安静下来

- 明确对学生的要求，特别是管理方面

- 提醒学生

即使教师课堂上提问，通常也是一种以教师为中心的模式，米汉（1979）称为"IRE模式"。

1. 问题的启动（由教师提出问题）（Initiation of Question）

2. 答复（由学生回答问题）（Response）

3. 评价（由教师评价）（Evaluation）

我经常称之为"乒乓球式"的提问，教师在虚拟网的一边，所有的学生在另一边。只有通过教师的不断提问和互动才能推动进步；教师在每一次谈话中都扮演着选手的角色。我反其道而行之，将其看成是"篮球式"提问，教师在提问中扮演裁判的角色，让球在参与者之间自由移动，必要时进行干预。如果学生只能接触第一种形式的提问，他们相互交流和学习的能力就会受到严重限制。

教师每天都会提出很多问题。在以讲授为主导的课堂上，提问的数量大大减少。布鲁迪（1998）关于西方学校的研究结果显示，教师在一天的教学中平均会问200—300个问题，但大多数是低水平的（约60%是关于事实回忆，另外20%是关于行政或程序）。

教师提问的类型很多。开放性问题和封闭式问题之间有一个共同的界限，这与所谓的低阶和高阶问题紧密相关。简单的封闭式问题，比如巴黎气候协议是哪一年签署的？有多少国家签署？高阶的开放性问题是全球变暖的后果是什么？你认为美国退出协议的原因是什么？封闭式问题只有正确答案，仅与回忆有关，而开放式问题则与高阶思维有关，为辩论和学习提供了无限扩展。

读者可以考虑一下，在将来，对于读者来说，是了解协议的确切年份重要，还是了解影响我们一生的问题更为重要？教师可以同时提出封闭和开放式问题。在进行更深入的学习之前，封闭式问题对于知识积累十分重要。

同样，问题也可以分为产品问题和过程问题。产品问题涉及获得特定问题的答案，而过程问题涉及更广泛的问题以及获得结果和答案所需的程序、过程和规则。我看到了数学教学的巨大进步，学生们被鼓励清晰地说出解题过程，而不仅仅是给出答案以及如何判断答案是正确的。这符合布鲁姆的教育目标分类，把学生带入更高层次思维领域，并有归纳学习和应用学习的机会。同样值得强调的是，如果不了解基础知识，就不可能有更高层次的思维，所以教师需要首先确保学生掌握基础知识。高阶提问涉及推理、分析和评价，而低阶提问则基于理解和回忆。两者之间的平衡取决于学生的年龄、能力以及学科内容等。

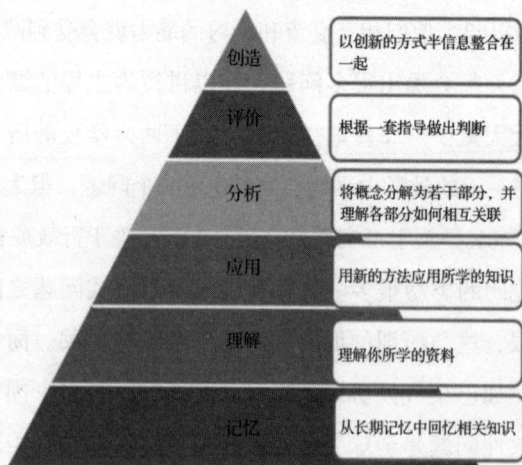

图7-1　布鲁姆的教育目标分类法（修订版）

图片来源：https://www.scribd.com/document/7223018/Bloom-s-Original-Revised-Taxonomy-Pyramids.

　　长期以来，布鲁姆的教育目标分类法被认为是学习分层分类的有效方法，之后进行了修订。层次结构描述如下：

　　记忆型问题与知识有关，让学生回忆起记住的某些特定事实。虽然这只是表面的理解，属于低层次的思考，但是如果学生要进行更高层次的思考，则必须掌握这些知识。

　　了解或理解型问题要求学生表现出理解力，包括选择、对比、描述或翻译思想和知识。

　　应用型问题鼓励学生利用所学知识回答问题，能检查知识是否已被真正理解，以及是否已超越眼前的范例。

　　分析型问题关注的是异同点以及因果关系，要求学生理解关系、组织、模式和因果关系。学生需要解决的不仅仅是单一的信息来源。

　　综合型问题关注发展和创造力，并将分析扩展到预测或以独特的方式解决问题。

　　评价型问题要求学生依据证据和标准做出判断。

　　创造型问题具有很强的开放性，要求学生以自己的方式将想法整合。

　　像大多数研究一样，布鲁姆（Bloom）的教育目标分类法也受到了很多批评。主要的担忧是它建议采用线性和分层的学习方法，该方法过于简单，并且侧重于个人，而不是通过互动来学习。它也低估了基础知识作为发展高级技能的先决条件的重要性。[1]

---

① 参见 https://teachercommons.blogspot.com/2008/04/bloom-taxonomy-criticisms.html 或 http://blogs.edweek.org/edweek/learning_deeply/2018/03/heres_whats_wrong_with_blooms_taxonomy_a_deeper_learning_perspective.html.

教师希望学生表现出色，并通过引导学生获得正确答案，将好问题转变为引导性问题。这一般在潜意识中发生，且通常出现在封闭式提问中。例如当教师通过语音、语气或手势和面部表情（表明答案应为正确答案）来提示正确答案，使学生明确答案应该是什么。有一则有趣的故事，当有重要访客听课时，教师主要关心能够给出正确答案的学生。于是，教师提前告知学生，如果他们知道答案就举左手，如果不知道答案就举右手，这样就会给人一种学习热情高涨、知识渊博的感觉。

教师的想象力和创造力将决定高阶提问如何支持学生的学习，鼓励他们理解自己的学习过程。那些思考如何获得答案，找到替代方案和假设并评价答案的学生，就会成为更积极更深入的学习者。以小数乘法题目的计算来举例，计算20.31乘以1.5的值。在回答这类问题之前，学生可以根据整数确定大致答案。知道答案在十位和个位的某个值，将帮助学生检查答案和消除明显的错误。更进一步说，认识到1.5等于1和0.5之和将有助于得出答案略微大于30的估计。了解这一点，意味着小数点的概念已经建立，学生不会接受非常不正确的答案。计算结束时，数出小数点后的数字，并在计算结束时将小数点向后移动适当的位置，就能得到正确的答案，但是没有提供自我检查机制。这个特殊的例子可以作为一个标准的长乘法来解决。也可以写成$1 \times 20.31 = 20.31$，20.31的二分之一等于10.155。两种方法的结果都是30.465。当学生理解基础概念时，他们就更有可能获得正确答案。有些教师可能会先问学生一些问题，让他们找出小数点的位置。这能帮助学生真正理解并吸引他们去发现规则，而不仅仅是应用规则。

向谁提出问题？

教师可以在不同时间向个人、小组或全班提问。根据哈蒂（2016）的研究，最常用的提问方法效率最低。通常，教师提出问题并寻求学生自愿回答。这有许多不好的后果：

- 一些学生可以主导问题的回答
- 一些学生会尽量避免回答问题
- 如果被选中的可能性很低，一些学生会举手来掩饰自己的不理解
- 教师只听一位学生的回答会产生误导，因为教师会潜意识选择一个可能理解的学生
- 教师会根据一位学生的回答安排下一个课堂活动
- 学生们为了给教师留下深刻印象争相回答问题，课堂气氛会混乱
- 因为一些学生很快得出答案，而另一些学生放弃回答问题，所以思考时间会减少

"不举手"的方法可以为倾听和学习带来更安静的环境，也可以让更多的学生参与。除了让学生自愿回答，还可以使用随机方法或指定学生回答。这可能产生以下影响：

- 不太自信的学生会感到紧张
- 被认为是不公平的
- 教师仍然只听一个人的回答
- 已经回答问题的学生会过于放松，因为他们知道不太可能再次被提问

随机抽取学生回答问题可以确保公平，让学生保持紧张状

态，使课堂管理更加容易，但仍存在只有一个学生回答问题的弊端。随机提问的常见方法是把学生的名字写在一张纸或棒上，然后选择一位学生回答问题。一些教师使用计算机的随机化功能，但是必须操作迅速，以免影响课程开展。我观看过一个教学视频，一位教师使用计算机随机抽取学生回答问题，但是每次提问，教师走到计算机前进行操作的时间至少15秒，这完全影响了课程的进行！

其他有效的方法在"评价"一章中也有提及，这些方法都是基于合作或使用迷你白板等工具从所有学生那里获得答案的有效提问方法。教师通过询问小组答案，为他们的回答寻找解释，发展他们的思维，以及通过比较答案来扩展学习。

苏格拉底式提问

苏格拉底式提问提供了一个潜在的、有用的框架，通过使用高阶提问技巧来发展学生的思考和学习。

雷德芬（2015）将这六个步骤概括为：

- 需要澄清的问题——"你能告诉我更多吗？""你的想法是什么？"
- 挑战假设的问题——"总是这样吗？"
- 探究基本原理、理由和证据的问题——"证据是什么？""你能证明你的观点吗？"
- 评价不同观点和角度的问题——"你妈妈会怎么说？"
- 检验影响和结果的问题——"如果……会发生什么？""会怎样？"

- 对问题本身提出疑问——"我为什么问这个问题？"

凯里（2002）强调了与有效教学相关的七种提问技巧：

- 根据课堂情况适当调整问题的语言和内容水平
- 在全班分配问题
- 必要时提示并提供线索
- 用积极的方式使用学生的回答（即使是错误的）
- 提问的时间安排和问题之间的停顿
- 学会通过一系列更高阶的问题，逐步提高学生认知能力
- 有效利用书面问题

在计划过程中教师必须仔细思考提什么问题。直接给学生正确答案或向最有能力的学生提问是件容易的事，也很节省时间。但这样的提问很肤浅，只会导致浅层次的学习，使学生没有机会参与到教学内容中去，也没有机会把教学内容内化为学生的思维，把学习引向深入和持久。

教师如何回应学生的回答？

除非你想知道答案，否则提出问题毫无意义。当教师提出问题以检查课堂理解情况时，他们需要做出判断，即按学生的理解水平，课程是否可以进入下一阶段，还是需要进一步干预。像教师做出的其他决定一样，教师回应学生的回答需要专业的判断力。

如果问题是由个人提出或回答，教师有能力通过他们对错误或不充分答案的反应来发展或抑制学习。当一个学生回答正确时，应该对他的见解给予肯定和赞扬。赞美必须是真诚的，有价值的，而不是坎特（1992）所描述的：没有价值的"赞美机器人"。根据

学生的年龄和能力，赞扬可以是点头、手势或微笑。那些缺乏能力和自信心的学生，更需要获得教师认可。

如果学生的答案是正确的，但学生回答时犹豫不决，那么教师的积极反馈十分重要。这种不安全感是学生自身原因造成的，尤其是在开始一个新话题或正在进行具有挑战性的学习时，经常会出现这种心情。

当所有或许多学生未能提供答案时，教师需要给予提示以帮助学生回答问题。提示通常是口头的暗示、提醒、参考，但也可以是手势或手势和语言的结合。富有经验的教师将尽可能使用不具干扰性的提示。

当教师提问时，留给学生充分的思考时间很重要。通常，教师都没有给学生足够时间来处理问题和准备答案。当然，具体所需的时间会因问题的复杂程度而异。即便如此，简单问题也至少需要2—3秒的等待时间。罗依（1974）指出教师留出的回应时间通常是1秒左右。在解决新的概念和学习外语时，留出足够的时间更为重要。沉默会使人担心，但是当超出舒适范围时，真正的学习才会发生。让学生在回答问题之前与同伴或小组交谈是有用的技巧，有助于学生通过分享想法和倾听别人来增强信心。对于使用非母语学习的学生，则需要更长的时间理解问题，并需要尽可能多地使用学习语言的机会。因为挑战性的问题需要足够多的准备时间，所以平衡时间和课程进度的关系变得至关重要。

增加回答等待时间，通常会产生以下积极的学习效果：

- 学生回答更自信
- 更多学生准备好并愿意回答问题
- 答案更加多样化，尤其当问题提供了这样的机会

- 答案更加成熟
- 学生们更多地参与到彼此的回答中
- 学习更加深入

　　但是，课程必须在上课进度需求与学生参与需求之间取得平衡。擅长教学的教师会通过增加额外的挑战，巧妙地进行差异化提问，来支持学习要求更高的学生。学生回答问题错误时，教师的回应至关重要。如果教师的回应是不屑，那么能力较低或缺乏自信的学生以后就不太可能回答问题，他们会寻求保持低调，把精力花在不被关注上。教师的回应对确定整个班级对此种情况的回应，以及建立课堂文化方面非常重要。如果不正确的答案被迅速驳回甚至贬低，就不太可能构建课堂的冒险文化。因此，除了最自信、最能干的学生之外，其他人的学习机会都会大幅减少。如果对错误的答案进行支持性分析并将其视为学习的机会，则会出现相反情况。如果由于学生不努力而导致答案错误，那么可以采取更严格的应对措施。为避免回应错误，以下简单技巧可以帮助教师：

- 我明白你为什么这么想，然后给出相关的提示
- 我将在一分钟后再问你，然后向其他人提问
- 给予提示
- 你想让谁帮你回答这个问题？

　　如果学生回答不正确，可以在之后为他们提供正面答复的机会。如果学生不理解或缺乏全面理解，教师则需要抓住机会，尽快帮助学生学习。

　　提问型教师与授课型教师的教学方法完全不同。提问者的角色更类似于一个指挥家，试图把班级管弦乐队的不同成员都调动

起来。授课者则限制了学生参与学习的机会。提问型教师有明确的目标，需要灵活应对出现的问题。在课上，教师需要：

- 根据学生的回答调整课程目标，特别是在出现意外困难或学生掌握的知识比预期多的情况下
- 时刻记住时间
- 知道如何吸引尽可能多的学生
- 通过适当的干预，对答案进行回复、修改、提示和扩展
- 总结（或让学生总结）新内容
- 避免分心和偏离问题的讨论
- 仔细倾听
- 积极回应，提出建议，并将学生错误的回答视为学习的机会

在哈蒂（2012）列出的影响成绩因素清单中有许多与授课相关的活动，这些活动是对实现最积极的学习成果最有影响力的因素。它们包括学生的自我报告和期望（部分来自提问）及课堂讨论。

案例分析

教师的期望在很大程度上决定了学生的成绩。我在一所国际学校和7岁的孩子们一起上过一堂儿童哲学课。在课堂上，学生通过视觉、听觉或触觉刺激有效地确定课程的教学过程。在这堂特别的课上，教师带来一件不寻常的乐器。在教师投入极少的情况下，学生们进行了35分钟的广泛讨论，内容包括乐器的类型和分类、相似和不同之处、家里听的音乐以及音乐是否有助于放松或集中注意力等。一名学生分享

了一则新闻，新闻中有人称音乐是邪恶之源。这引发了一场关于"什么可能被禁止，什么应该被禁止"的讨论，内容出乎意料的成熟，远远超出了教师的计划或期望。这场讨论是从一种文化和实践中产生，在这种文化和实践中，学生被鼓励思考和分享他们的想法。

非母语学习的学生

在全球化的今天，相当一部分学生在学校学习的语言不是他们的母语。教师不仅要从这些学生的早期经历中意识到这一点，还要意识到学生掌握社会语言的速度远远快于掌握正式的学习语言的速度。教师如何帮助会话能力强的学生掌握正式语言并进行交流，仍需要特别关注。我们将在下一章探讨这个主题。

⊙ 注意事项

提问是提高教学的关键要素。如何运用它取决于学生的年龄和能力、学习的主题和阶段以及教学方法。教师往往说得太多，因此在许多场合限制了学生学习的机会。对于教师来说，有效提问是培养学生学习能力的一项关键技能，它不仅是形成性评价的重要组成部分，而且是学习质量的关键。在下一章中，我们将讨论无论学生的特殊需求如何，可以用来确保所有学生学习的策略；重点介绍如何满足不同学生的不同需求。

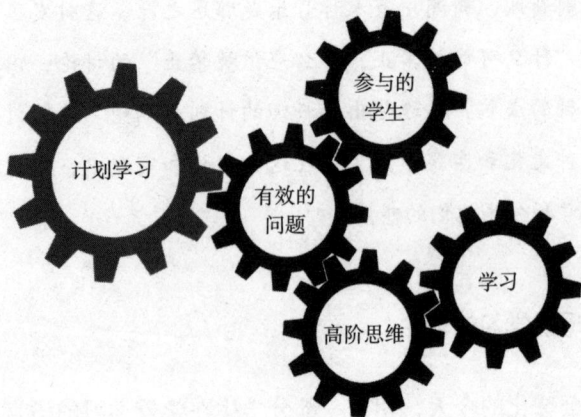

图7-2 从提问到学习

活动

从整体上思考本章的内容，并确定两项你可以制定的策略，以提高课堂上的互动学习。查看在即将教授的课程中可以使用的策略和实例，会对你的教学产生帮助。你是否为学生提供了培养他们自己提问能力的机会？

补充书目

Kyriacou, C. (2007) Essential teaching skills. Cheltenham, UK: Nelson Thornes.

Matari, V.O. (2015) The Instructional Process: A Review of Flanders' Interaction Analysis in a Classroom Setting. *International Journal of Secondary Education* 3,(5), October Pages: 43-49.

Attention span, https://day2dayparenting.com/qa-normal-attention-span.

https://dealwithautism.com/forum/media/average-concentration-spans-for-children.206.

Critique of Bloom's taxonomy, https://teachercommons.blogspot.com/2008/04/bloom-taxonomy-criticisms.html, http://blogs.edweek.org/edweek/learning_deeply/2018/03/heres_whats_wrong_with_blooms_taxonomy_a_deeper_learning_perspective.html.

Flanders Interaction analysis, https://www.slideshare.net/selvabarady/flanders-interaction-analysis.

Philosophy for children, http://www.philosophy4children.co.uk.

Questioning, http://geoffpetty.com/for-teachers/questioning.

第八章 我们如何满足个人需求?

> "在这个瞬息万变的世界中,我们知道教育必须以学习者为中心。"
>
> ——利百特

本章纲要

本章探讨课堂学生之间的差异,以及教师如何制定策略来满足他们的需求。该方法使用实际的案例,并分析优势和挑战,满足学生需求。本章的内容建立在前人关于规划和评价工作的基础之上。

预期收获

读者将:

- 反思课堂和班级中存在的多样性
- 发展差异化教学的技能,以满足学生需求
- 使用评价信息,规划差异化教学
- 利用一系列策略来支持学生的多样性
- 思考如何发展差异化教学

认知误区:差异化意味着为每堂课准备许多不同的材料。

引言

与世界各地每一位教师交谈，只要他们对课堂上发生的事情有了解，他们就会指出差异化是教师面临的最具挑战性的任务。即使在小班化的特殊学校里，为每个学生量身定制每一节课也是不可取的，因为它会妨碍学生们一起合作和相互学习。也是无效的，因为教师没有足够的时间与每一位学生进行有效的沟通来达到要求。

差异化学习是个性化学习，但不是针对所有学生的个性化学习。长期以来的研究证明，让学生把大部分时间花在单独的学习任务上是没有效果的。（罗森珊，1979；莫蒂默，1988；哈蒂，2012）

教师都不可能在一节课结束时说，他已经成功地上完了一节差异化课程，满足了每个学生的需求。但是，教师可以通过做很多事情来确保提供适合他们班上所有学生的学习机会。

学生之间的差异在哪里？

图8-1　漫画：丛林动物的差异化与评价

该漫画源于阿尔伯特·爱因斯坦的一句名言：每个人都是天才，但是如果你以爬树的能力来判断一条鱼，那么他会一辈子都认为自己很愚蠢。任何班级，无论它是如何组成的，都包含很多人。每个人都有自己的背景、能力、兴趣、优势和发展领域。虽然我在整本书中都使用了学生这个词，但有必要在此提醒自己，学生首先是儿童或年轻人，要给他们提供成功的学习机会，我们首先要认识到他们的个性差异，包括：

- 先前学习
- 学习投入程度
- 对该学科的热情
- 对该学科的先前经验
- 校内外的学习背景
- 同伴关系
- 能力
- 社会技能
- 沟通能力
- 自信
- 学习的各种技能
- 主导的学习方式
- 专注力持续时间
- 行为
- 家庭背景和支持
- 性格
- 性别
- 健康状况

- 年龄

- 流动性

对于以上的许多因素，教师无法改变。教师在计划和授课时，需要了解这些需求并且尽最大努力满足需求。有些问题可以与其他人合作解决，有些问题必须个人解决。

我在以上的因素中列出了"主导的学习方式"，我这样做是有所保留的。霍华德·加德纳（1992）写了许多关于多元智能的研究文章，但因为文章缺乏研究历史并被一些教师不当使用而受到批评。毫无疑问，一些学生是视觉型学习者，一些学生是听觉型学习者，另一些学生则是动觉型学习者。但是，有时这反而会导致相反的结果。我曾参加过这样的课堂，老师分享了"主导的学习方式"。有些学生会自豪地宣布他们的主导的学习方式，并以此作为学习不成功的原因。"我是一个动觉型学习者，不能长时间听课，而且容易被指示弄糊涂。"（通常是男孩）在其他课堂上，学生们认识到，他们需要不同类型的学习方式。如果想要成功，就必须努力克服自己的弱点。在加德纳最初的多元智能理论的基础上，他发展了多元智能的概念，并提出了三个认知思维（遵守纪律的、综合的和创造的）和两个情感思维（尊重的和道德的）。读者可以参考本章末尾引用的网络参考资料，包括加德纳的个人网站以及批评此理论和方法的相关网页。

之前有关评价和教学的章节明确了先前学习对学生学习能力的影响以及教师了解并充分考虑此类信息的必要性。如果没有有效的评价和对学生及其先前学习的深入了解，就不可能实现有效的差异化。满足个人需求被称为个性化，并被一些西方国家视为努力使公共服务更能满足个人和家庭需要的行动的一部分。这是

21世纪初的一次尝试，旨在围绕个人建立服务，而不是让个人和家庭适应现有的框架。人们会争论这种方法的成功率。从微观上讲，这是学校和教师面临的挑战。如何使学习个性化，并使其与个人相关，同时为面向最大群体的"大众营销"提供所需的框架和结构。有关个性化的更多详细信息，请参阅本章末尾的进一步阅读。

案例分析——流动性

对于身处流动家庭却寻求发展学习连续性的学生来说，追踪信息是十分困难的。并非所有的流动性都不利于学习，有些孩子能在不同的环境中茁壮成长，这在很大程度上取决于流动是否有计划并得到支持。我认识一个刚上高中的小女孩，她将前往她短暂的教育生涯中的第六所学校。她曾在英国三所不同的小学接受教育，在远东和中东的两所国外学校接受过教育。她的父亲因为工作而搬家，但在家庭稳定和支持的背景下，她正在取得长足的进步。

如果流动性来自无计划的、往往是不必要的变化时，那么情况就大不相同了。

案例分析

我曾在一个经济贫困地区的一所学校工作，该学校紧邻一所虐待妇女及其子女的旅馆。这些孩子就读于这所学校（有时是相对较短的时间），且在学生中占很大比例。学校和学生们一起努力，高效地完成学习和工作，但是这群学生的学习背景不可避免地对整个学校的学业成绩产生了负面影响。面临第一次检查时，学校担心这样的结果会有什么影响，以及学校是否会被判定为不合格学校。学校首次用以前没有使用过的方式分析数据，根据学生在校时间来评价学习成绩和进步。显然，流动学生带来了很多社会、情感和行为方面的问题，他们最初的学业成绩远远低于预期。但是，在分析流动学生的进步程度时，由于学生们接受了有感知力和有技巧的教学并且得到了教师的关心和支持，他们在上学期间取得了可观的进步和改善。学生在学校待的时间越长，他们的进步就越大。检查人员对他们所看到的情况非常满意，学校也被数据所提供的可视性证据鼓舞，这些证据表明学生的学业成绩正在取得进步。在包容的环境中为所有学生提供关心和支持是公认的优势，学校正在竭尽所能地满足每个人的需求。

准备差异化

在准备课程差异化之前，我们需要尽可能准确地知道：

- 学生对课程内容的先前学习
- 每个学生对不同教学方式可能产生的反应
- 课堂学习的环境

有效差异化的起点是教师要了解学生具体的学习成果。在关于评价和准备课程的章节中，我强调了我对差异化学习成果价值的理解。

过多的差异化结果可能会造成分歧，并且极难管理。我个人倾向于两种学习成果，一种是全班学生都必须达到的目标，另一种是需要挑战才能达到的目标，通常称为拓展性目标。在这背后是一种认识，即有些学生需要不同的策略和支持，才能在课堂上完成普遍目标。

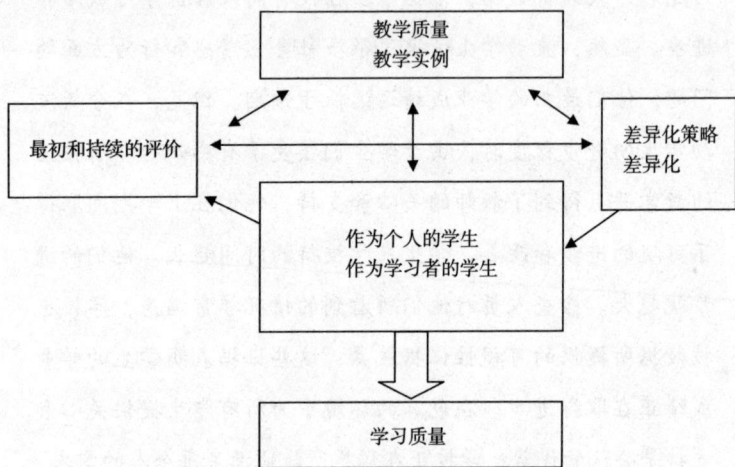

图8-2　差异化背景

高期望值非常重要，不能仅仅为了确保所有人都达到目标而降低期望。在课堂上，为那些能力强的学生额外准备一些问题，也许他们在上课之前就达到了普遍目标。因此，按照定义，除非有额外的挑战，否则他们不可能在课堂中学到任何新东西。我们将在本章的后面集中讨论能力强的学生群体的需求。

维果茨基通过他的最近发展区（ZPD）概念解释了学习。这是规划有效差异化的核心。如果一个学生当前的水平与所要求的水平之间的差距太大或太小，学生都无法进行充分的学习。

图8-3列出了不同组学生的预期学习成果。应当指出的是，学生总是有能力在更高的水平上表现，教师不会对任何人设置较低

的上限。

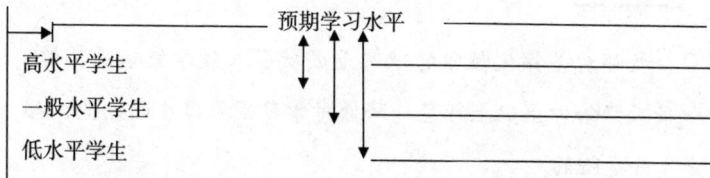

图8-3　学习水平

对于高水平学生来说，几乎不需要额外的教学来达到最低要求的学习水平。事实上，有些人可能已经达到或超过了这个水平。对于一般学生来说，在大多数情况下，一位有效的教师提供正常的教学框架就会达到预期的教学成果。根据背景和需求水平，低水平学生需要更多的差异化策略。在许多情况下，即使使用了差异化教学，学生当前水平和预期水平之间的差距也可能太大，这时就需要降低预期学习水平。

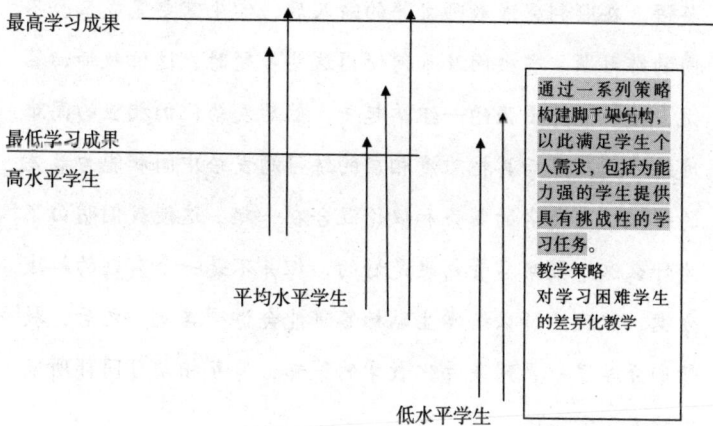

图8-4　差异化结果

案例分析

教师对差异化教学的理解是成功引入教学策略的关键。如果教师给学生贴上标签，降低对学习困难学生的期望，那是十分危险的。

我被邀请到一个充满挑战的学校中主持关于高中差异化教学的研讨会。大多数学生入学时的成绩远远低于国家标准。我记得那天是开学前的一天，假期刚结束，学校的暖气坏了，校长病得很严重，教师们挤在教师休息室里取暖。我认识他们中的一些人。在试图让教室暖和一点后，会议开始了。很快，代校长打断我说，差异化教学根本没用。

我深吸一口气，思考如何在接下来的五个小时中改变这种情况。我请他解释他是如何进行差异化教学的。他告诉我们，他为年龄最小的11岁学生（他们通常有点小聪明）教授英语。在顺利完成教师主导的输入后，学生需要完成三套不同的练习题。当被问及如何使用这些习题时，这位教师回答说，他让能力最强的一组举起手，然后发给他们相应的高难度练习题，然后再把难度相应的练习题发给中间和能力最差的一组。参会者的笑声和议论混合在一起，这使我们明白了为什么这个策略尽管初衷是好的，但并不是一个有效的解决方案，以及为什么给学生贴标签可能会适得其反。之后，教师们分享了一系列差异化教学的策略，并互相学习同伴所采用的不同方法。

差异化策略

让学生选择学习方式，对于满足个人需求非常有帮助，并且可以避免学生因过度指导而产生刻板印象。哈蒂的研究以及与形成性评价有关的研究表明让学生了解自身学习水平是很有价值的，并且正如前面的章节所述，让学生参与和学习有关的决定也是有价值的。

提供选择可能是有效差异化教学的关键策略。教师提供不同的学习方式和各种形式的材料来帮助学生学习。尽管在文化上存在一些差异，但我发现，如果让学生自己选择，大多数学生可能会追求更高而不是更低的目标，这与许多教师的预估正好相反。给予选择并不意味着教师放弃自己的责任。例如，当学生选择了对他们没有挑战性的选项时，教师可以（也应该）干预，重新提高他们对自己的期望。

以下列表包含了一系列常见的差异化策略。每一项都应该被依次检查：

- 成果
- 课堂内可获得的成人支持
- 额外的课外支持
- 同伴支持
- 分组
- 工作量
- 工作时间分配
- 记录方法
- 写作框架

- 提问

- 技术

- "拼图"教学

- 扩展活动

- 任务

- 课堂管理

- 评价

- 个人目标

- 选择

如前所述，对于教师应采用何种策略，从来没有正确答案。重要的是，教师应掌握一些可理解并且可行的策略。

1.成果。按成果区分几乎是不区分的一种形式。教师设计了一项任务，所有的学生都被期望发挥出自己应有的水平。这在许多情况下是有效的，例如在实践任务中或在自由写作中。如果仅根据成果来进行差异化教学，那么教师就有责任反思每个学生的成果，并计划干预措施以支持学生进一步的改进（如前所述，最好与学生合作）。

举个例子，如果一名学生在完成跳马项目，他需要知道如何提高成绩。在课上，教师安装了一个延时摄像机；学生观看自己刚刚完成的跳马动作，又与同学和教师一起回看，讨论可以改进的地方。在自由写作、实验设计或艺术品创作之后，也需要进行类似的反思。与学生合作的反馈是最有效的。仅凭学习成果进行区分会缺少有意义的反馈，不利于大多数学生的进步。

2.课堂内可获得的成人支持。大多数的课堂只有一位教师，但有些课可能有助教。当学生独立学习或进行团队学习时，可以提前计划成年人在课堂中的位置与作用，或提供额外的挑战，以帮助有特殊需要的学生。如果这是一个深思熟虑和有计划的行动，那么它就是重要策略。与其他帮助一样，在使用它的时候需要特别注意，要确保它不会减少任何个人或学生群体的独立学习时间，不会成为限制学生思想的方法。

在一些国家，个人需求特别突出的学生可能会需要助教或"影子"老师，来帮助他们跟上在主流学校的学习。如果支持者变成学生的"魔术贴"，则可能使学生从同伴中孤立。如果支持者一直在学生身边，则学生和同伴之间的互动会受到影响。为最充分利用该支持，成人额外的帮助可以提供脚手架，使学生达到预期的结果；在较差使用该支持的情况下，学习者则不清楚完成的工作在多大程度上是由学生还是成人支持者完成。有效的支持，虽然往往是针对个人，但如果使用得当，也可以帮助许多其他人。这种支持的一个特点是，那些最需要高质量教学的学生往往会从最没有资格提供这种支持的教师那里得到很多个人的投入。

3. 额外的课外支持。作为有计划的干预措施的一部分，额外的帮助通常是针对有特殊教育需要的学生，但偶尔也会帮助能力强的学生。该支持对于让与同龄人水平不同的学生进行强化训练特别有帮助，实践证明，为成绩低于同龄人的低年级学生提供补习课程特别有帮助；它也可以给有才华的学生提供挑战。

在课堂外提供支持，对于需要安静或无干扰的环境学习的个人或团体是有帮助的，例如当学生有听力或注意力不集中的问题时。如果学生非常清楚自己的能力水平，但又不好意思在同学面前接受量身定制的支持时，提供课外的额外支持也十分有益。当学生要完成的学习与同龄人的学习完全不相同时，课外额外支持也很有帮助。缺点是，如果学生不在主流课堂上课，那么他将缺失同龄人的教育经历；如果长期重复，则会对学生的课程平衡产生负面影响。

我曾经教过残障学生，我很担心学生们会因为装助行架和每天一早的锻炼而浪费学习时间。但同时这些锻炼对帮助他们的行动能力和身体素质至关重要。与理疗师讨论后，我们同意此类活动安排在教室内进行，并保证足够的私密性。我不止一次地惊讶地发现，学生们在教室后面俯卧着回答问题，有时是在屏幕后面回答问题。另外一个好处是，它为理疗师和学生之间提供了学习对话的话题，学习时间也没有浪费。

4. 同伴支持。人们很容易忘记，课堂上最大的资源是学生群体。学生可以互相帮助，但在成人支持方面提出的许多保留意见也适用于同伴支持。诸如"结伴而行"之类的策略可以帮助学生支持那些有特殊需要的学生。但是，这很大程度上取决于它将如何进行。它可以使学生真正融入课堂也可能导致学生的无助。如果班级使用结对学生作为"学习伙伴"或"对话伙伴"的概念，则整个班级都可以受益，并且可以帮助有特殊需要的学生融入全班学习。

我在许多国家看到一种支持方式，让那些很快完成作业的学生（可能对他们来说太容易了）去帮助有困难的学生。虽然这种策略偶尔会成功，但它并不是对任何学生都有帮助，因为能力强的学生在自己的学习中没有受到足够的挑战，就可能在无意中替能力较差的学生完成作业。对于能力强的学生来说，教学技能、概念或知识处于布鲁姆分类法的高层次，可以自学。这种策略要想成功，就需要对学生进行教学技能方面的指导。这是一个巨大任务，但效果很好。SABIS集团学校提倡的学习方法是将学生当作大师级教师，这也是精心选择的教学方法的一部分。[①]

5. 分组。学生分组有多种可能性。在国家层面，一些学校有选择性的入学要求。在地方和学校层面，有官方或非官方的招生简章。家长的偏好也会导致某地区的一些热门学校人满为患，影响到该地区所有学校的招生环境。

每个学校都认为自己运行着最有效的系统，以满足学生学习需求。许多国家的大部分学校或全部学校都开设了混合能力班。他们认为，如果不这样做，就是歧视，会激怒家长，因为他们总是希望自己孩子在"尖子班"。其他学校，特别是一些国家的大型中学，会在许多科目上"安排"好班，尤其是数学、母语、科学和外语。一些学校可能会"安排"一个年级一个班，以便在较短的时间内完成考试课程。在班级层面上，这种分组的劣势和优势也很明显，每位教师决定如何对学生进行分组。

分组的目的是解决所有学生的学习问题，或是为了完成不同的学习任务。如有需要，可针对小组提供额外的支持。介绍以下三种主要的分组方法。

a.友情分组——在友情分组中，学生根据人际关系组成小组。根据学生的年龄、能力以及课堂管理的不同，这既可能成为激发学生积极性的因素，也可能成为分散学生注意力的因素。

b.能力分组——在能力分组中，教师根据学生完成任务的能力进行分组。其优点是能够有效地提供支持，并在适当水平上开展工作；缺点是给那些能力较弱的学生贴上标签，并降低他们的期

---

① 参见 https://www.sabis.net/a-sabis-education.

望值（以及自我实现的可能性）。在一些文化中，在学校里的成功并不被看作一个理想的属性，因此人们可能不愿意被认为是有能力的。在另一些文化中，不在能力强的群体中的大多数人会有越来越大的压力和越来越多的失望感。

c.随机分组——小组可以定期随机变化，从而为学生提供相互交流的机会。它可以扩大社交互动，打破由基于性别的友情小组所造成的障碍，还可以减少因固定小组被贴上标签的危险。在真正的合作小组中，学生将对小组的成果承担集体责任，这通常涉及角色分配。随机分组既可以发挥个人的长处，又可以使小组中的一些人承担要求较低的任务。如果差异化学习能让所有学生都进步，那么就必须注意角色分配的方式，使所有学生都能面临新的和适当的挑战。这不一定需要在每次活动中，而是在一段时间内做到差异化学习。

如果按能力分组，可能会出现如下问题：

- 能力弱学生的自信心受损，容易放弃
- 教师对某些群体的期望会降低
- 学生在不同组别之间转换缺乏灵活性
- 更加关注能力强的学生，而忽略了其他群体
- 很难教能力弱学生

教师的分配也颇具挑战性。难教的学生是分配给最有经验、最有能力的教师，还是给那些经验最少、能力最弱的教师来教？研究发现，仅按能力将学生分到不同的班级，对提高学生整体表现水平有显著作用。

6.工作量。差异化教学的一种简单形式是控制不同学生的工作量。例如，减少学习困难学生的写作量，使他们关注于文章质

量而不是数量。它也可以应用于为制定任务提供解决方案理由的数量。为了解决人们对期望值降低的持续关注，应将期望描述为最低期望，如"至少给出……的三个原因"。

对于能力强的学生，需要考虑与期望值相关的工作量。做同一水平的更多的工作不太可能对能力强的学生构成挑战。例如，一本教科书有20个例题需要学习，学生做得越多，题目变得越复杂。如果能力强的学生能够快速、正确地处理最具挑战性的例子，那么把20个例子全部做完，对他来说就是浪费宝贵的（而且永远不会再有的）学习时间。一个善于进行差异化教学的教师可能会直接解决这个问题，也许是要求学生在完成前几个例子后与她一起检查，然后直接进入最后的题目，并在后面开展拓展练习。

7. 工作时间分配。时间分配与前面的例子相同。有些学生，特别是因为身体、情感或智力原因而书写困难的学生，将会花更长时间将想法写在纸上（或屏幕上）。他们要么需要更多的时间，要么需要减少工作量。在许多国家的公开考试中，会为有书写困难的学生分配更多的考试时间，但是我发现这并不总是有用，因为整个过程太累了，以至于他们在标准时间内就已经耗尽了精力。

8. 记录方法。许多学生很难将他们对学科知识和主题的理解从脑海中转化到书面或屏幕上。因此，在整个课程中，缺乏记录能力或所用语言的能力会导致学生得到较低的作业评价，继而对他们造成惩罚（这不仅是学习外语的学生的问题，也是学校使用语言和母语不同的学生的问题）。最糟糕的是，这会导致对学生的学科技能和理解力的评价完全不准确。其他学生在记录时也会有身体上的困难。这些将在下一节关于技术的内容中讨论。

对于记录有困难的学生，富有想象力的教师会有很多办法。大多数教师会提供更多脚手架策略来支持他们的记录。如果年幼的学生已经学习了哺乳动物的概念和定义特征，教师可以要求他们在练习本上记录自己的理解。这通常可以通过图表、思维导图或通过写作来实现。有些学生不需要进一步指导就能完成，因为标题和解释就足够了。其他人可能会完成一份工作表，该表为他们的答案提供框架，确保他们完成一份完整而准确的记录，作为进一步学习的基础。

有些学生需要额外的支持来完成工作表。教师不需要准备全新的工作表，只要在原先的工作表上增加额外的信息，如：

- 答案的起始点
- 文章底部可能存在的答案
- 词汇表确保准确的拼写并提示所需的答案
- 答案的线索，比如一个单词答案的第一个字母，或者破折号显示答案中字母数量，或者两者都有
- 提供可能的答案，或错误的答案，让学生区分

下面提供了一张提示表的示例，在互联网上可以找到更多的例子。提示表提供了一些附加支持，尤其有利于框架搭建和内容展开。在科学领域，可能会有段落标题、问题回答、词汇表或举例提醒。在创意写作中，可能会有类似的方法，也许会有一些替代的段落开头方法。所有人都可以使用提示表，但首先要让学生自己来选择是否使用提示表，见表8-1。

表8-1　提示表

写作课：创意写作提示语（6）
世界上最好的工作
你认为世界上最好的工作是什么？ 列出清单。思考： ——好在哪里？ ——收入怎样？ ——额外的福利。 ——工作时间。 ——还有哪些不足之处？ 同样，列出世界上最差、最有趣、最枯燥的工作。
我认为导游是世界上最好的工作。作为导游，你可以游览异国他乡，结识新朋友。你无须花钱就可以看到世界。虽然工资不是那么高，但是有很多旅游的机会。我认为这是职业生涯初期的一份很好的工作。之后，当你准备安顿下来时，你可能会被提升到管理职位。
我认为世界上最好的工作是＿＿＿＿＿＿＿＿＿＿＿＿
我认为世界上最差的工作是＿＿＿＿＿＿＿＿＿＿＿＿
我认为世界上最有趣的工作是＿＿＿＿＿＿＿＿＿＿＿
我认为世界上最枯燥的工作是＿＿＿＿＿＿＿＿＿＿＿

资料来源：https://en.islcollective.com/english-esl-worksheets/grammar/present-simple-tense/writing-clinic-creative-writing-prompts-6-best-job-world/5539.

随着学生年龄的增长，学生在成绩上的差距可能会越来越大。教师需要确保支持学生的方法与学生的社会、个人以及学业需求相一致。任何给他们贴标签的方法都可能适得其反。

有些学生在需要大量写作时，永远无法表达自己的真实理解。教师可以提供使用不同媒介的替代方案。通过图片记录、漫画、标示图、思维导图或音频录制等方式来帮助学生表达理解。虽然这些替代方式在某些时候很重要，但并不意味着不需要支持学生发展他们的写作能力。相反，这是一种脚手架策略，确保学生虽然缺乏正式的写作能力，但是不会因此在整个学校课程中受到负面影响和惩罚，并且在大多数情况下，这可以提高他们对未来写作的信心和技能。

9. 写作框架。写作框架是通过提供额外的结构来支持学生进行写作的另一种方式，与提示表有许多共同点。

写作框架有助于发展创造性或论述性写作的技能，对于处于发展写作能力早期阶段的学生来说特别有价值。写作框架是一种资源，教师使用它告诉学生如何开始写作，并提示它们包含某些特征。许多语言教师使用它来教授处于独立记录早期阶段的孩子，并提醒他们注意当时教学的重点内容。写作框架也可以作为高年级学生差异化教学的方法。有些学生在面对一张白纸时，需要更大的脚手架框架才能独立写作。例如，如果学生写一封信，框架会写明地址、日期、收信人和落款的具体位置。根据目的不同，会有一定数量的段落及内容提示。在某种意义上，写作框架提供了一个关于内容的持续的提醒，并减少了学生在开始独立学习之前对教师提供信息的依赖。

写作框架是一种灵活的工具，可以用于多种方式和不同的科目中。较高年级学生正在学习高级技能，例如撰写文学评论。一些组织在商业基础上提供一系列的基础写作框架。

写作框架的内容包括段落标题、关键词汇和关键短语。互联网上有各种各样的写作框架范例。

10. 提问。差异化提问是教师在对学生的知识、技能和理解进行持续评价时所使用的技能之一。如果教师很了解学生,他们就会知道如何提出第一个和后续的问题,以及如何提示不会回答问题的学生。如果学生表现不佳,有经验的教师将想方设法让他们积极参与。有技巧的教师会以多种方式插入差异化教学。有些教师把不同的问题分配给不同的小组,这需要熟练的管理能力和智力上的敏捷性。如果面向全班提问,有些学生可能会遇到困难,教师可以选择向已经理解的学生提出扩展问题,同时为需要帮助的学生提供补充例子。在关于评价的一章中,我们看到使用迷你白板为教师提供即时反馈的作用。

使用提问来展开差异化教学的一个重要场景就是新课的开始。无论教师对课堂的了解有多深,或者评价信息有多详细,确定学生先前的学习范围很重要。在国际小学课程中,这被称为"知识收获",我们将在下一章探讨。

11. 技术。对许多有特殊困难的学生来说,技术是很好的工具。技术可以极大地激励那些能在屏幕上更自信、更准确地记录信息的学生,因为他们知道,不用做大量的修改,也不用多次重新开始工作,就能制作出整洁准确的工作。技术还能帮助残疾人获取课程资源和独立记录工作。

在我的教学生涯中,有一个令人难忘的时刻。当时我在给一群年轻的中学生上数学课,一位患有严重脑瘫的年轻人新加入这个班级,他需要坐轮椅,不会说话。学校正在探索研究帮助这类学生的技术,并且为他设计了一个切换系统,在该系统中,屏幕上的光标从字母到字母或从数字到数字移动,然后他可以准确地将光标停在适当的位置并输入所需的数字、字母或单词。我讲完一些知识后，学生们开始练习技能，我在班里巡视检查作业。从眼角的余光，我注意到亚当（不是他的真名）在一个完全不同的屏幕上玩电脑游戏。当他发现时，他道歉了，但是科技给了他生命中第一次独立的可能性，给了他调皮和遵循自己兴趣的机会！他已经做出了准确的决定，理解了布置的作业。

科技进步日新月异，给这类学生提供了很大的帮助。从盲文到计算机链接、高能助听器（以及先进的医疗手段，如人工耳蜗植入），都为学生提供了专业帮助。诸如触摸屏和预测性打字等常见的进步对所有人都提供了支持和帮助，尤其让记录困难的学生受益良多。越来越多的学生能够专注于基于学科的学习，而不受自身记录能力的限制。

12. "拼图"教学。只有当所有的碎片组合在一起时，拼图才有意义。拼图学习是类似的，教师把学科学习的不同方面分配给不同的学生，学生对此进行研究，然后整个团队分享他们的发现。虽然表面上并没有向任何小组表明他们的表现与其他人不同，但是该任务非常适合进行差异化教学。在计划分配任务时，教师需要考虑任务的性质（有些任务必然比其他任务要求更高），所提供的资源和团队成员构成。

我曾经用这种方法帮助社交、情感和行为方面有严重困难的高年级学生，他们的学习能力差异很大。每周两次午餐后，我和他们探讨健康教育的话题。在午餐时间，学生们成为朋友但又迅速离开，在正式课堂中，他们又形成了不断变化的组合。我试图按预想的需求（虽然是有效的教育需求）把学生分组，但结果适得其反，反而浪费了每个人的时间和精力。我的解决方案就是

"拼图"教学。

我准备了不同难度的资源和任务，并快速安排每天新组成的小组分别要执行的任务。学生们喜欢和朋友们一起工作一整天，他们通常能够很好地安静下来，获得值得学习的知识。例如，在关于疟疾的课程中，一个小组按照一张相当简单的工作表，了解了蚊子的生命周期和它是如何传播疟疾；另一个小组看了一张更复杂的关于疟疾地理分布的资料；还有一个小组利用网上资源了解了一些组织是如何致力于减少疟疾；第四个小组看了关于疟疾流行的统计数据。

13. 扩展活动。在任何一堂课中，如果要进行课程学习，对于能力强的学生来说，扩展学习是必不可少的。拓展学习不是做更多相同的事情，如果要扩展学生们的学习能力，就必须给他们不同的挑战，而不是更多相同的工作。学生的需求往往被忽视，但最有能力的学生会成为国家各领域的未来。他们是潜在的领导者、企业家、科学家、商人和教师。他们的潜力可能被忽视，因为他们有能力很快地完成任务，拿出优秀的练习本和考试成绩。他们还会获得虚假的安全感，不知道自己需要什么才能进入更高层次的学习，在那里，韧性和毅力必不可少。如果学生在学习上没有挑战性，他们会变得自满，无聊并以不利于自己或他人学习的方式寻求挑战。下面是在许多课堂上使用的成功策略。

a.挑战箱

尤其是在数学课上，完成指定作业的学生会从挑战箱中挑选一张卡片，发展他们的数学思维。我也在语言课程中看到将此作为扩展词汇量的方法。然而，这项工作大多与当天的主题无关。

b.在某项学习结束时提出一个挑战性问题

c. 学生选择他们在作业中接受挑战的数量

d. 差异化成果

e. 分组和同伴评价

f. 互相挑战，让学生提出具有挑战性的问题，并与同伴交换

g. 之前提到的辣椒挑战

h. 利用提供挑战活动的专业网站

在本章末的补充书目中有关于为能力强的学生提供适当的教育机会以及支持他们的策略问题。缺乏机会和教师对整齐工作的痴迷常常会影响教师准确识别才华横溢和优秀的学生。许多能力强的学生会跳出固有的思维模式，并以明显随意的方式提交作业，这种自由思考的学生对教师来说是一种挑战。认真听讲和复述正确答案的能力强的学生可能会获得高分，但不太可能表现出真正有天赋的想象力和独创性。

14. 任务。另一种差异化教学的方法是简单地让学生完成适合不同群体的不同任务。这可能会造成分歧，有人认为这会助长标签化和刻板印象。但是，与所有学生承担相同任务，结果截然不同的情况相比，这是更贴近学生需求的学习。当任务互补时，共享任务的学生就有机会互相学习。如果任务完全不同，就没有互相学习的机会。学生可以选择他们感兴趣的任务，从而减少标签化的可能性，并营造包容的课堂环境。

15. 课堂管理。教师组织课堂的方式对学生学习有重大影响，尤其是对学习困难的学生。友谊小组是学生首选的座位安排方式，但不一定是确保有效学习的最佳方法。一些学生在特定环境中学得最好。例如，自闭症学生在没有干扰的环境中工作效率最高，而那些有社交、情感和行为需求的学生需要与同龄人分开；听力

受损的学生可以从唇读教师的口型中受益，而视力受损的学生最好选择离教师展示信息的屏幕或黑板近一点的位置。一些学生与特定的同伴或同伴组的密切合作可以达到最好的学习效果。

为整个班级规定座位可以帮助学习困难的学生。巧妙地在学生参与的情况下规定座位，学生在教室中的位置可以成为满足个人需求的重要因素。在学生可能会受到干扰的环境中，教师要准备制定座位表，以解决一些可能出现的问题。

16. 评价。关于评价的一章明确指出了特定评价方式的价值和局限性。对于学习困难的学生来说，任何形式的评价都可能是焦虑的来源。评价可以差异化。和制定工作表的方法一样，教师可以在开始时布置简单任务，在结束时提出更开放、更具挑战性的问题。这样，所有的学生都有机会展示他们的知识。另一种是采用分级评价，能力强的学生可以多做一份试卷（缺点是，能力强的学生不应该因为自己要做更多作业而感到自己的能力受到了惩罚），或者提供不同级别的替代性评价作业。在评价时，应强调学习目标的进展情况，这比实际成绩更重要。

17. 个人目标。在一些学校，人们期望所有的学生都有学习目标。这些可能与期末成绩有关，也可能与跨课程技能提高有关，更常见的是与某一学科相关的技能提高有关。目标可以由学生和教师合作制定。研究表明，以这种方式进行学习会产生积极的效果（哈蒂，2012）。个人教育计划（IEP）或教育护照是一种简单的工具，旨在满足有特殊教育需求的学生的需求，并为他们设置个人目标。它已经被一些国家采纳，作为满足此类学生需求的官方对策的一部分。在最坏的情况下，它是一个官僚机构；在最好的情况下，它是一种以证据为基础的方法，满足学生在整个课程中最关键的学习需求，并为所有人共享和采用，为学生所有，并定期检查。

除了正常的管理细节外，个人教育计划还包括：

• SMART目标，分别是具体的（Specific）、可衡量的（Measurable）、可实现的（Attainable）、现实的（Realistic）、与时间相关的（Time-related）

• 持续评价的空间

• 完成目标的主要职责

• 为达到目标而制定的具体规定

• 评价日期

有效的个人教育计划应该是简单的，并且侧重在公认的和优先的学习领域。内容应该简单明了，能被各方特别是学生理解和同意。个人教育计划是一份工作文件，在形成性评价结果的基础上进行编写。

更多详情，请参阅本章末尾的阅读清单。

18. 选择。在前面的示例中，还包括给予学生选择权。教师可以帮助学生更多地了解他们自己的学习水平、需求和进步的途径，学习者越独立，进步可能性越大。但是，给予学生选择权并不是免除教师的责任，教师很可能需要在某些情况下进行干预，以支持学生做出有效的选择。选择可能包括：

• 要完成的实际任务

• 记录方法

• 尝试任务的难度

• 使用辅助材料，如提示表或写作框架

• 资源的使用

- 独立工作还是小组工作
- 要完成的工作量
- 工作的时间跨度
- 是否有成人支持

活动

研究差异化教学策略之后，请思考你所教授的课程并填写下表，以了解不同策略的潜在优势和劣势，特别是确定何时何地使用它们。你可以将你的想法与书末的反馈部分中的建议进行比较（见反馈9）。

表8-2 差异化方法

差异化方法	最佳使用	潜在缺点
1.成果		
2.课堂内可获得的成人支持		
3.课外额外支持		
4.同伴支持		
5.分组		
6.工作量		
7.工作的时间分配		
8.记录方法		
9.写作框架		
10.提问		
11.技术		
12.拼图式教学		
13.扩展活动		

（续表）

差异化方法	最佳使用	潜在缺点
14.任务		
15.课堂管理		
16.评价		
17.个人目标		
18.选择		

案例分析

案例研究描述了一位生物教师与一群13-14岁不同能力的学生在多元文化的城市中进行的差异化教学。这是一节介绍消化系统系列课程的导论课。在课程结束时，学生将制作一件作品来展示自己对消化过程的理解。

以下是课堂上使用的主要差异化教学策略：

• 新主题的开始，用"知识收获"评价学生的先前学习情况

• 差异化的学习成果，所有学生都要达到"蓝色"目标，大多数学生达到"绿色"目标

• 共享评价标准，并明确学生将达到的水平

• 差异化提问，并鼓励学生将彼此视为一种资源

• 在导论课上，学生可以单独或合作完成书面作业

• 学生们将选择书面作品的展示方式，比如，图片、漫画、日记、故事或事实展示

• 所有学生根据先前学习情况设立目标，并鼓励他们达到目标

• 特别对安全感较差的学生进行具体的表扬

•学生在课程结束时评价自己的学习

•在全体会议上，学生闭上了眼睛，并通过简单的向上、向下或中立的大拇指表达了他们对学习的理解，避免受到同伴的压力影响

•鼓励能力强的学生使用课本，促进他们对该学科的理解

这是一堂优质课程，所有学生都能充分参与。它为将来的学习奠定了基础，适合班级所有的学生：不同能力的学生，以英语为母语的学生或正在使用外语的学生，喜欢写作的学生或不喜欢写作的学生，以及努力学习的学生或更容易分心的学生。

活动

思考你将要教授的一节课。根据第五章中的建议写出差异化的学习成果，然后逐项说明你将使用什么策略使工作适合你班上的学生。必须实事求是地考虑课堂环境、备课工作量以及可能发生的活动。

在某个阶段尝试一下，然后再评价哪些地方做得好，以及将来如何进一步调整。

注意事项

差异化通常被认为是教师面临的最艰巨的挑战之一——班上学生数量很多，你如何开发适合每个学生的课程？有很多方法可以帮助解决这个问题，但是方法都需要建立在学生作为单个学习者的兴趣和投入的基础上。让学生参与到自己的学习中来，是实

现持久、实际和现实的解决方案的最佳途径，并与持续的学习评价、为学习的评价和作为学习的评价相联系。差异化教学必须作为整体计划的一部分，在课堂中实践。它不是引起分歧与分裂，而是支持包容所有学生。许多人把包容多样性的学生看作一项基本人权。我认为，包容始于物理上的包容，只有在支持所有学生成功的方式上提供学习机会，才能实现真正的包容。

本章与下一章紧密联系，下一章将探讨使用外语学习的学生的特殊需求。

补充书目

Eyre, D., and McClure L. (eds) (2001) Curriculum provision for the gifted and talented in the primary school. London: David Fulton.

George, D. (2001) The challenge of the able child. London: Cromwell Press.

Leadbeater, C. (2005) The shape of things to come; personalised learning through collaboration. Nottingham, UK: NCSL.

Moss, G. (1996) A strategy for differentiation. Birmingham, UK: Questions Publishing Company.

Stopper, M.L., (Ed) (2000) Meeting the social and emotional needs of Gifted and Talented children. London: David Fulton.

Tomlinson, C. (2014) Differentiated classroom: Responding to the needs of all learners. PLaCE ASCD.

Multiple intelligence–available at: https://www.psychologytoday.com/blog/unique-everybody-else/201311/the-illusory-theory-multipleintelligences.

Multiple intelligence-available at: https://www.quora.com/What-is-the-criticism-of-Gardners-theory-of-multiple-intelligence.

State of technology in education-available at: https://resourced.prometheanworld.com.

Differentiation-available at: https://teachertools,londongt.page-differentiation Strategies for gifted and talented students.

Inclusive schools-available at; https://inclusiveschools.org/together-we-learn-better-inclusive-schools-benefit-all-children.

IEPs in the English education system available at: https://www.specialeducationalneeds.co.uk/iep-individual-education-plan.html IEPS in the US education system available at: https://www.understood.org/en/school-learning/special-services/ieps/understanding-individualized-education-programs.

Writing Frameworks-available at: https://www.teachingenglish.org.uk/article/creating-a-framework-writing.

第九章　外语学习者有哪些需求？
我们如何满足？

> "一种语言可以为人生开启一条走廊。两种语言使人生走廊的沿途处处开启大门。"
>
> ——富兰克·史密斯

本章纲要

在本章，我们将进一步研究外语学习者的特殊需求，包括国际教育历史和发展的简要概述，并探讨其优势和挑战。本章的大部分内容关于教师如何为外语学习者创建成功的学习环境，特别强调学校文化和实际教学策略的必要性和实际情况，以确保学生能够进入课程并展示他们的学习成果。

预期收获

读者将：

• 反思国际教育的宗旨和学生需求

• 培养差异化教学技能，以满足外语学习者的学习需求

• 探索有关国际和外语非母语学习的文化问题

- 理解关于外语学习的评价问题
- 思考国际学习的未来

认知误区：学生沉浸在不同的语言环境中，很快就会成为流利的学习者。

引言

在前几章中，我们简要地提到了外语学习者的学习需求。越来越多的学生在双语或国际学校学习，尤其是在日益富裕的亚洲和中东国家。语言是学习的途径，教师需要特别关注学生以外语（非母语）学习的需求。上一章已经概述了一些策略，对于那些在进入课程或理解课程内容方面有困难的学生来说，这些策略是有帮助的。此外，如果要让学生从国际环境的学习机会中获得最大利益，还需要解决文化差异的问题。

更加全球化的教育

国际学校并不是新生事物。它们在许多国家，尤其是在海湾国家和亚洲较富裕国家中正在迅速发展。学生到其他国家学习并不是一种新现象，但由于父母工作调动而到其他国家学习，由于战争、迫害或者寻求更好生活等原因移民，学生的流动性变得越来越大。随着更多教师在职业生涯的某个阶段选择到不同国家任教，教师的流动性也在持续增加。

最初，国际学校的建立主要有三个原因：
- 给来自海外工作家庭的学生提供教育

• 特定的意识形态原因——日内瓦国际学校经常与宗教联系在一起

• 用与东道国不同的语言提供教育

大多数国际学校是私立学校，与东道国的国家制度并行。鉴于历史各不相同，国际学校通常有不同的目标和期望。汤姆森（1998）试图描述成为国际学校的要素，包括：

• 在学校内接触到不同文化的人

• 教师是国际化思维的典范

• 在校外接触不同文化的人

• 均衡的正式课程

• 一种管理制度，其价值观与机构的国际理念相一致

在一些国家，越来越多的家长选择国际教育。原因有很多。有些人对自己国家的教育不满；有些人希望孩子培养英语技能，因为他们将这种能力视为未来生活的关键技能；有些人倾向另一种形式的课程，更加强调国际化；有些人计划让孩子在英语国家上大学；有些人相信国际教育的质量；有些人希望孩子在国外大学接受教育或在跨国公司工作。

国际学校数量增长迅速，根本没有减少的迹象。

表9-1　国际学校增长数量

年份	学校数量
2000	1700
2006	3876
2014	7017

数据来源：顶思国际教育资源.

预计到2022年将有11000所国际学校。大部分国际学校在中国建立。

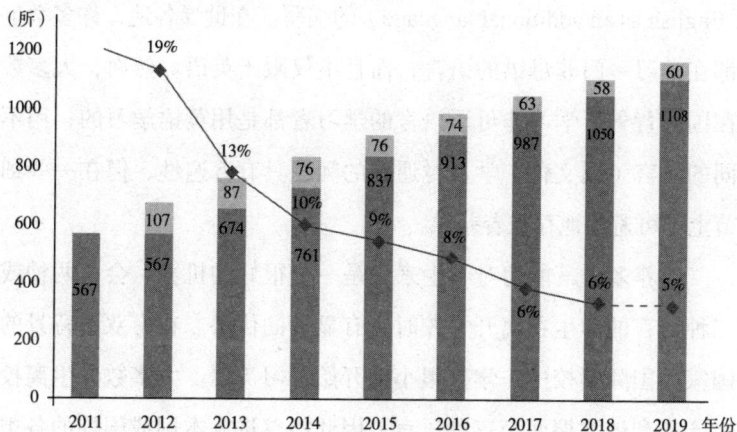

图9-1 中国国际学校增长数量

数据来源：顶思国际教育资源.

除国际学校外，公立学校内还设有国际部。如需了解更多信息，参见基林（2018）的研究。国际学校的监管和整合程度因国家而异。例如，在迪拜，国际学校要接受阿联酋教育系统专门部门的定期检查[①]；在泰国，小部分国际学校已经获得了政府许可，以此确保国际学校的质量。他们的做法略有不同，但自我评价都是一个重要因素。学校的自主程度因东道国而异，在雇用人员、收取费用、教授课程以及使用资源，或者用于监控和评价的系统等方面都有不同。

在英语外语环境下学习

为简洁起见，我在本章中使用EAL作为"英语作为外语"

[①] 参见 https://www.khda.gov.ae/en/schoolinspection.

（English as an additional language）的缩写。在世界各地，许多学生都在学习一门非母语的语言，而且不仅限于英语。然而，大多数在国际背景下学习非母语语言的学习者都是用英语学习的；用不同的语言（或文化）学习时遇到的问题具有普遍性，但在一些细节上不可避免地存在着差异。

培养多语言能力对学生来说是一个很好的机会，会说两种或三种语言的学生在离开学校时会有显著的优势。在有双语背景的国家的国际学校中，学生很小就开始学习英语。大多数学生离校时能流利地掌握两至三种语言，因此能够进入本国或国外的各类大学。在其他情况下，如果学生相对较晚地进入双语环境，可能就很难以足够的速度发展自己的英语作为外语的学习，以应对主要以英语授课的学术课程要求以及国际大学教育的入学要求。

尽管机会很多，但对于外语学习者来说也面临着许多挑战，我将这些挑战归纳为三大类：文化、语言发展和课程学习（包括学习记录）。在每一类中，学校都有相当大的空间来增加外语学习的成功机会。

文化

任何组织都有自己的文化。如前所述，国际或双语教育的学校可能差异很大，学校文化为教学和学习的发展提供背景。那么我们所说的文化的定义是什么？它为什么很重要？

与文化及其定义相关的关键词很多——共同的信念和价值观、团体准则、目的、习惯、程序。文化是关于"一个特定群体所积累的学问"，通常被描述为"我们在这里做事的方式"。文化分有形和无形。它是关于"手工艺品"——流程、结构、环境、使用的语言、仪式和典礼、奖励制度和发生的交互作用。虽然文化差异很容易看到，但很难理解。并且，随着时间的推移会产生很多层面的变化，可能有不同的解释。文化可以通过熟悉和理解构成文化基础的基本假设——群体的价值观和信念——而得到理解。

案例分析

我女儿与一位希腊医生订婚。他们在英国相识。第一次一起去拜访他的希腊亲戚时，她的希腊语还处于初级水平。晚上吃饭时，兴奋的亲戚们大声而激烈地交谈着。她听不懂他们说话，就把注意力集中在他们谈话时的肢体语言和语气上，这比言语要更直接易懂。她确信他们在讨论（她认为是在争论）对她（房间中的陌生人）的印象。她哭了起来，然后被告知这只是典型的希腊家庭围坐在餐桌上讨论，既没有敌意也没有过于关注她的意思。随着时间的推移，她对这类讨论的理解变得更加准确和敏锐。进入一个新文化是有要求的，不仅在语言方面，而且在肢体语言、习惯和解释方面有很大的误解风险。

国际学校中的文化

国际学校汇集了来自不同背景的教师。在一些学校，教师是真正的国际老师，他们来自世界各地。在其他许多学校，多数教师来自东道国，其他教师则来自世界各地的英语国家。无论如何，教师背景不同肯定会产生一些文化问题。具体情况取决于学校目标：

- 国际或双语教育的目标是什么？
- 学校期望教师为目标做出怎样的贡献？
- 为达到目标，学校的组织结构形式是什么？

在国际教育中，以下是最常见的模式：

- 课程是国际课程，以英语授课，同时对东道国语言和文化进行了专门的授课
- 某些课程用东道国语言讲授，有些则用外语讲授
- 一些（有时是所有）课程采用双语教学，由东道国和国际教师共同授课

在许多国际学校中，学生都寄宿，语言使用的问题也延伸到了寄宿设施中（我们将在后面简要讨论）。

无论学校的目标和程序如何，我们期望所有的教师都能为学校做出贡献，理解并致力于学校的目标和文化。这说起来容易，实现起来却十分困难。

活动

在中国的这所国际学校，约50%的教师是中国教师，他们大部分在中国接受教育，其余的则来自世界各地的英语国家。中国教师往往是长期服务的，年龄较大，而国际教职员工往往比较年轻，且工作时间较短。学校有一位国际董事、一位当地老板和一位中国副校长。该校有一些科目用普通话授课，另一些科目用英语授课，但希望在不久的将来能开设更多用英语授课的课程。学校总

共有大约100名教师，住宿管理人员全部是当地人。

在这种情况下，就会有两种不同的文化。你认为哪些因素可能会产生两种文化？领导者怎样才能在所有教师中创造单一的文化？记录你的想法。可参见本书末尾反馈部分的建议（反馈10）。

讨论

解决文化问题的第一步是认识到我们与众不同，反思这些差异，以及差异带来的优势和挑战。

你可能已经注意到的潜在差异包括：

- 个人接受的教育类型
- 所有教职员工的外语技能
- 对学校的贡献与投入
- 个人理念
- 与不同文化背景的人一起工作的经历
- 信任他人
- 薪资和条件
- 对领导的回应
- 开放性

教师团结必须是一项持续而长期的承诺，并受到"可能的艺术"的强烈影响。领导者在这方面发挥着巨大作用，因为他们是影响他人和营造文化的关键人物。从一个成功的想法开始，就会让其他教师看到成功的希望并团结起来。最初的想法成为规范和期望的一部分——我们在这里做事的方式。

案例分析

许多领导令我印象深刻，他们把学校文化的整个理念公开化，让教职员工参与到学校的发展中来。我最近访问了几年前参观过的一所国际学校，看到了学校的一个重大变化是在学校内部打造了融合文化。当地教师负责用母语教授语言和文化，以前他们是学校的独立部分。当地教师在学校某一区域的一整排房间里办公，教师的任务仅限于用本国语言和文化进行学科教学。在新领导的带领下，本国教师与国际教师一起办公，成为学校各年龄团队的成员。他们承担教务工作，负责常规课程活动的安排和扩展工作。本国教师在与许多只说本国语言的父母交流时发挥了关键作用。他们之所以能出色完成工作，是因为他们已经成为有价值的团队成员；国内教师和国际教师都从统一文化发展中获益匪浅：尊重取代了回避和不信任；最重要的是，学生们从一种可见的、基本假设被共享的文化中受益。

其他学校也采取了积极措施，紧密结合薪酬和工作条件，缩小国际教师与国内教师之间存在的差距，并培养国内和国际教师在共同的环境中高效工作的能力。开放的思想固然重要，但不能通过立法强制实施，而必须随时间的发展慢慢理解接受并内化。详细讨论不同学生群体的不同学习习惯，对教师有启示作用。与在国内外都接受过教育的国内教师交谈是件很有趣的事。他们指出，与这么多自信的外国学生在一起压力巨大。外国学生能够也愿意表达自己的想法并参与对话；而他们则不确定自己的观点，不想犯错，从小就被教育去寻找并接受有身份的人所推崇的智慧。例如，豪斯等人（2004）将这种方法描述为源自家长式和以家庭为导向的社会，在这个社会中，尊重长者是一种规范，注重统一而不是创新。

在更浅显的层面上，学校试图通过社会团体将不同文化群体聚集在一起，但往往收效甚微。例如，一所学校的国际团队和东道国团队定期组织社交活动，轮流决定活动的类型。国际团队选择了啤酒和快餐，而东道国团队则选择了火锅。如果这些活动是更大更好的活动计划的一部分，也许会成功；但作为一项单独的活动，它只是突出了差异。这就像学校里把文化简单化地看成是"5F"——食物（food）、旗帜（flags）、时尚（fashion）、节日（festivals）和名人（famous people）五种形式庆祝活动。

我们一直专注于学校和教师方面的文化，这些都会对学生本身产生直接影响，特别是对学生学习习惯的培养。在一所人口混杂的国际学校里，学生会表现出不同的学习方法和风格，而这些风格是他们在其他地方获得的，学生将有机会反思这种多样性。但如果在教师背景混杂但学生来自本地的环境中，情况就不是这样了。教师必须考虑学习者的培养目标，这会给本地学生带来什么挑战以及如何最好地克服挑战。

在关于跨文化异同的研究中，霍夫斯泰德等人（2010）和迈耶（2014）的研究都与课堂情境有关。教师的一个关键任务是促进交流，使之成为学习的工具。哈蒂（2012）的研究表明了学生参与理解其学习的重要性。反馈是改进工作的不可或缺的一个组成部分。有趣的是，迈耶认为，中国文化与一些其他国家类似，具有避免对抗（实事求是）和不明显表达情感的社会特征。儒家国家倾向于尽量避免公开分歧，维护群体和谐。基于这个原因，对中国学生来说，同伴评价和具有挑战性的小组合作较难进行。这与许多国际教师所来自的社会中的特征相比明显不同，这种差异会明显地影响沟通交流，尤其是当那些交流者没有意识到自己和他人的差异时。毫不奇怪，在建立人际关系和完成任务的相对重要性方面也发现了类似的差异。

外语学习

毋庸置疑，对我们大多数人而言，学习一门外语很困难，尤其是早期阶段。当一群学生在相似的基础上共同学习时，就会产生激励作用。对于所有在双语环境中工作的教师来说，必须基本了解使用另一种语言进行学习及其发展的过程，这是很重要的。

教学语言与日常会话的语言有很大不同。使用另一种语言学习的学生可以很快地掌握日常对话所需的词汇、句法和基本句子结构，谈论社交或体育赛事等事情，但是会重复使用有限的词汇，并且谈论范围有限。将此与用不熟悉语言教授的中学科目课程的要求进行比较。

以下两个例子可以说明教学语言与日常会话语言不同产生的误解。在劳里·李的小说《罗西与苹果酒》中，描述了一个农村男孩上学的第一天。站得很远的教师迎上前来，请他暂时（for the present）坐下来。但是这个年轻而紧张的男孩把这个短语理解为"得到礼物"，而教师要表达的意思是"暂时"。当男孩没有收到礼物时，他感到非常失望和不信任！

在一节有很多外语学习者的课堂上，一位非常优秀的教师让学生解释一种科学现象。一位学生开始用非常间接的、循环的方式描述这种现象。教师很幽默地告诉他，"他在屋子里转来转去"（going round the houses），意思是他并没有真正地解决这个问题。这个词组让很多学生感到困惑，但他们有信心敢于去问教师这句话的意思。

吉本斯（1991）在她的著作中提供了因为教师使用语言差异而导致的细微语义差异的一些实例。在一堂课中，教师希望小学生们理解雨和土壤侵蚀之间的关系。她提供了一些可以用于引入主题的句子，所以这些句子的推论都略有不同，存在微妙差异：

• 天下雨，所以土壤被冲走了。（It rained and so the soil got washed away.）

• 土壤被冲走了，因为下雨。（The soil got washed away because it rained.）

• 因为下雨，土壤被冲走了。（Because it rained the soil got washed away.）

• 下雨后，土壤被冲走了。（As a result of the rain, the soil got washcd away.）

• 因为下雨，土壤被侵蚀了。（The soil was eroded as a result of the rain.）

• 土壤被冲走是下雨的结果。（The soil getting washed away was a result of the rain.）

• 雨水导致土壤被冲走。（The rain caused the soil to be washed away.）

• 土壤侵蚀是由雨水引起的。（The soil erosion was caused by rain.）

通过措辞的选择，语义会略有变化，因为重点略有不同。此外，词汇的选择也改变了学习者的复杂性。这不仅仅是像侵蚀这样的专业词汇（所有的学生都必须学会使用这样的专业词汇），还包括主动和被动时态的使用以及as a result of等短语的使用。连词（或者现在称为连接词）连接思想，像but和because这样的简单连接词大多能用于容易理解的句子，而像although和whereas这样的连接词则更多是条件性的，用于较复杂的句子，这对外语学习者来说是很难的。

语言的不同需求分为基本人际沟通技能（BICS）和认知学术学习能力（CALP）。

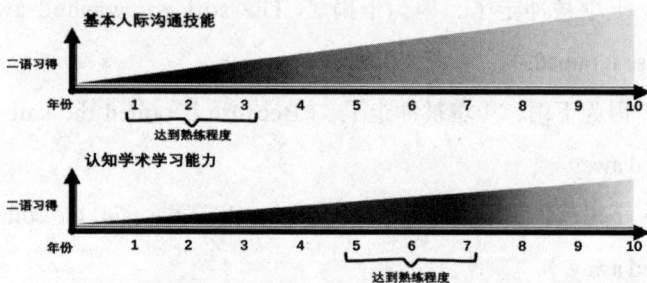

图9-2　语言习得（基于康明斯的研究）

上图显示了学生达到两种不同外语习得水平熟练程度所需的时间差异。必须考虑到，上图只是普遍水平，实际习得率将取决于许多因素，包括：

- 母语能力
- 接触外语的程度
- 母语背景
- 投入

- 能力
- 孩子年龄
- 个人技能

随着课程要求的提高，认知学术学习能力和基本人际沟通技能之间的差距也越来越大。因此，学生在学校越早接触外语，他们越有可能弥合基本人际沟通技能和认知学术学习能力之间的差距，然后在学习该语言的同时发展外语技能。反之亦然。如果学生在学习生涯的后期进入另一种语言教学环境，但没有足够的语言能力，就肯定会在学习该语言时面临巨大的困难。

从图中可以明显看出，大多数学生将在两年内掌握基本的会话技巧，但是要获得熟练的学术学习能力需要另外的3—5年。语言的社会使用能力可以掩盖学生在学术上学习另一种语言的需要，教师需要充分认识到这一事实。

新学生

在许多流动性强的学校，学生入校的时间不同。在部分或主要使用外语教学的学校里，这会给缺乏必要语言技能的学生上课带来重大问题。接收了这些学生之后，学校不仅有责任帮助他们在社会和情感上安定下来，还要帮助他们尽快跟上学习课程。

学校可以采用多种策略支持有此类需求的学生。

1.学校可提供强化英语教学，为学生参加主流课程做好准备。通常根据课程性质、学生需求、学生年龄、学生自信心、可用资源和学校政策，由外语学习部门开设全日制或半日制课程。如果此类干预是全日制，则会限制新生与更多学生互动，并限制所提供的课程。许多学校会保证学生与同龄人一起参加语言强度较低，但有更多实践元素的课程，比如科技、创新学科、体育教育和数学学科。根据学生的需要和他们的年龄，整合课程可能还包括数学。

密集的高强度的语言教学很可能是有时间限制的，但需要学校根据学生的持续发展进行审核。随着学生使用外语的能力逐渐提高，大多数采用强化英语教学的学校会逐渐增加融入主流班级的数量。

2.同伴支持。作为上述措施的一部分，或单独为新来的学生分配一名伙伴，帮助他适应并掌握课程的语言。所采用的方法将与其他策略，特别是下文的策略相联系。

3.在主要用外语教学的情况下，有些学校坚持所有的交流都用外语；他们相信，这将使学生通过必须不断使用该语言来发展技能。对新来的学生及其伙伴可能会有例外。我通常不赞成这种方法，并且认为选择性地使用母语有助于培养学生成功地使用目标语言和进入课程所需的学习能力。

4.强化语言教学逐渐处于退出状态。但重要的是，在强化教学和融合教学之间需要有计划的过渡；在从外语教师到主流课堂的一系列支持融合对学生和教师都很有帮助（本章稍后将讨论外语学习部门的职责）。

课程内容

所有教学都需要仔细思考亟待解决的内容。对于外语学习者还有一些需要注意的事项。事实上，外语学习者并不是一个单一的群体，他们每个人在语言发展以及性格等所有其他方面都有各自的优势和需求。

1.专业词汇。任何学科都有自己的专业词汇，学生年龄越大，所接触到的专业词汇就越多。学生通常需要直接的专业语言教学，母语的使用也可以提供有力的支持。高效能教师会思考课程中需要引入的关键词汇，并计划如何确保学生理解这些词汇。关键词汇的展示，带有定义的词汇表，围绕词汇的针对性提问都有利于外语学习者的词汇学习。对于学生而言，问题通常不是个别专业词汇的用法，而是每次新学的专业词汇的数量。

2.内容量。高效能教师会仔细思考，每一阶段应该介绍多少内容，其中包括专业词汇。尤其对外语学习者来说，太多的内容会让他们不知所措。这些学生还需要更多的机会与新内容和词汇进行互动，以培养熟悉度和自信心。

3.语言。语言流利的人通常会使用成语、短语和口语，而那些不太熟悉该语言的人则不容易理解。熟练的外语教师会下意识地反思学生使用的语言，从而使教学内容易于理解。他们会通过多种方式做到这一点，但不是过分简化内容，而是使其容易理解。他们可能会：

a. 使用简短的句子

b. 提供关键词汇的释义

c. 使用重复

d. 避免模糊用语

e. 避免使用成语和俗语

f. 反复检查理解

4.开始上课。在课程开始时，教师通常会提出预期的学习成果，并与学生分享。这是一种很好的做法。语言可能是相当抽象的，也可能涉及技术性语言。对于外语学习者来说，如果他们在课堂上学习的词汇与之前的课程有很大的不同，就会遇到困难。他们需要时间适应新课，重新熟悉之前的内容和专业语言；在正式上课之前，花点时间进行导入活动通常是很有帮助的。

5.后续工作。在为学生准备工作表或后续工作时，教师需要从外语学习者的角度看待任务，考虑他们完成任务时使用的语言以及专业词汇的使用。这有助于教师以书面形式或其他补充解释的形式给学生提供说明信息。

在一些学校，寄宿设施主要或完全由当地的工作人员管理，他们只能用母语交流。在这种情况下，提高外语能力的机会仅限于课堂时间。

课程访问与记录

在上一节，我们探讨了内容问题。教什么（和学什么）与如何教学以支持有效学习之间不可避免地有一些重叠内容。以下技巧对外语学习者来说十分有用。

1.谈话伙伴。我们主要通过听和说来学习语言。只听而不使用语言会限制你真正熟悉口语和提高理解力的机会，这对外语学习者来说尤其如此。例如，为学生提供在回答问题之前一起简短交流的机会，有助于学生充分理解问题，巩固语言使用和建立自信心。

2.时间。使用外语学习需要更多时间来处理信息，尤其是问答形式。认清这个事实对语言学习者来说很有利。

3.**座位和分组**。根据教师的教学风格和课堂管理，学生可以单独坐（在大多数情况下没有帮助，尤其对外语学习者）、成对或成组坐。为外语学习者提供与可以帮助他们发展语言技能的同龄人接触的机会，非常有效和具有激励作用。与所有同伴支持一样，此类安排都应促进学习发展而不是依赖他人。这一措施应该被视为课堂组织的自然组成部分之一。在课堂组织中，所有学生都具有各自的优势和需求。

4.**任务**。康明斯制作了象限图，该象限图有助于外语学习者发展学习能力。要想成为成功的学习者，关键是必须向熟悉语言的同伴求助来解决其他问题。

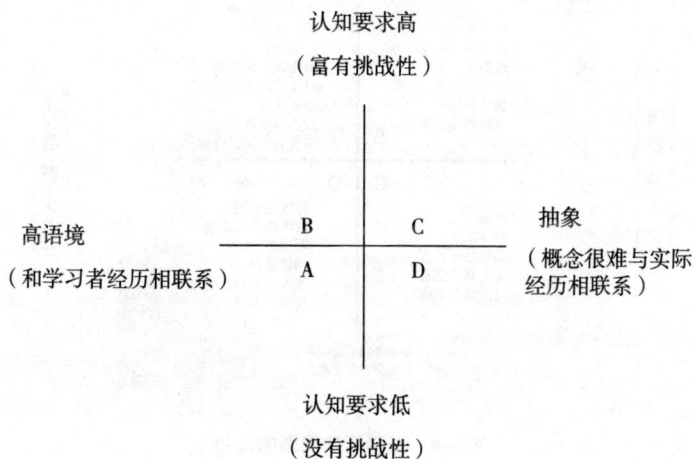

认知要求高

（富有挑战性）

B	C
A	D

高语境

（和学习者经历相联系）

抽象

（概念很难与实际经历相联系）

认知要求低

（没有挑战性）

图9-3 康明斯象限图

图片来源：http://esl.fis.edu/teachers/support/cummin.htm.

这两个轴代表了对学习者的认知要求和学习者的背景（包括语言和先前学习）。为了建立自信，教师可以在象限A中，以熟悉的语言和学科内容为基础，进行简短的教学。对于外语学习者来说，重要的是建立在已知和理解的基础上，而有效的外语教学很可能会在B象限中花时间仔细地建立认知需求，并使用熟练控制的语言，然后再移至C象限，在C象限内，既有高水平的认知需求，又有更抽象的语言需求。这样做并不是要降低期望值，因为目的还是达到较高的认知理解水平，所以要认真规划流程，以便达到目的。如上一章所述，这种策略已证明对学生是有帮助的（教授出现在D象限的抽象并且认知要求高的内容，几乎没有价值）。

下面用实际范例说明该象限的应用，见图9-4。

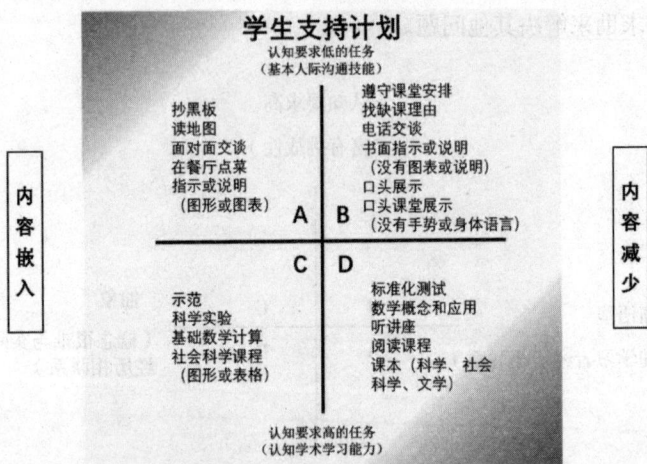

图9-4 康明斯象限图的应用

图片来源：http://ed491.weebly.com/cummins-quadrants.html.

产品（学习）

需要有一个教学成果或产品来评判学生的学习。随着学生年龄的增长，成果越来越多地由学生的书面内容来确定和评价。对于外语学习者来说，在评价学习过程中，无论是书面的还是口头的，都有更加重大的挑战。因为学生表达主要是通过外语进行，因此他们能表达什么，在一定程度上取决于他们的语言能力。例如，在笔试中表现不佳可能是以下一个因素或几个因素造成的：

- 缺乏对学科的理解（部分原因来自语言问题）
- 缺乏对要求、问题和提示语的理解
- 缺乏用外语表达所学知识的能力
- 缺乏处理和完成所需工作的时间
- 缺乏与上述经验相关的信心

教师需要确定他们要评价的内容以及如何去评价。鉴于在离开学校之前，学生必须用外语进行测试，因此挑战不可避免。如果教师想要评价外语学习者的学科知识、技能和理解能力，短期内有许多替代方案可供选择，包括：

- 口头评价，可以要求学生解释语言
- 母语评价
- 翻译方面的同行支持
- 记录答案的抄写员

幸运的是，学校教育并未完全由考试主导，因此教师有很大的灵活性支持学生展示他们在某学科中所了解和理解的知识，而不是他们尚不了解的外语方面的知识。上一章中有关脚手架写作的策略，减少工作量和/或提供额外时间的一些策略也特别有用。与同伴合作也有利于减轻负担。

评价对于追踪成绩和进步也很重要，但是评价外语学习者时需要特别注意。许多测试可能会产生过低的分数，例如：

- 测试可能是根据英语语言使用者的标准设置的（例如阅读测试）

- 测试存在文化偏见，不利于外语学习者

- 外语学习者不熟悉测试的过程和细节，从而表现不佳

- 测试过于偏重语言，因此不能评价特定的目标领域

许多学校将非语言测试作为评价过程中的一项内容；这一点尤其重要。因为非语言测试试图捕捉超出语言限制的表现（因此可能预示着未来的潜力），但是即便如此，由于学生不熟悉此类测试，必须谨慎对待。

在评价没有达到预期进展的外语学习者时，需要特别谨慎。教师需要确定其学习困难是来自特殊教育需求还是外语需求，还是两者皆有。当学生发展受到语言因素的制约却被错误地诊断为有特殊教育需要，或由于语言困难而忽略了特殊需要，这两种情况并不少见。与父母沟通，了解孩子在母语方面的表现和进步，对准确的评价非常有价值。

商业组织（如剑桥）通常为外语学习者提供教学材料和一系列的评价材料，用于追踪学生的进步和取得的成绩。《欧洲语言共同参考框架：学习、教学、评估》（CEFR）被广泛用于语言教学大纲、资格证书、评价和学习材料的开发和参考。欧洲语言共同参考框架：学习、教学、评估》将语言能力分为六个级别：A1至C2，这六个级别可划分为三个宽泛的级别：基本使用者、独立使用者和熟练使用者，并且可以根据当地情况进一步细分。这些级别是通过"可以执行"的描述符号定义的。

西方的大学要求学生参加语言能力测试。英国是国际英语语言测试系统（雅思）。该测试由四部分组成：口语、听力、阅读和

写作。尽管是单项评分，但语言教学应基于各部分的综合，因为这才是语言学习的方式；在临近课程结束时，考试复习重点关注考试的要求。如果是教授申请大学的高中生，则不建议将课程分为听说读写，并安排教各项技能的不同教师。此外，尽管显然需要对此类测试进行具体的准备，但是从语言发展来说，专门为了某一测试而进行的英语教学是否是有效的长期语言发展策略也一直有争议。

外语教学部门

在双语学校中，发展英语语言技能是英语部的工作重点。在国际学校，尤其是学生英语水平参差不齐的学校，很可能会有外语教学部门。它可以是一个独立部门，也可以是融合部门的一部分，也可以与英语部密切结合，这在很大程度上取决于学生的整体需求和学校的运营规模。每种方法都有其自身的优势，但是与英语部合作会特别有益。

外语教学部门的作用包括以下方面：

- 入学前或入学时对学生英语能力的初步评估
- 直接给外语学习者授课
- 对外语学习者的课内支持
- 持续评估和跟踪外语学习者的情况
- 教师在外语教学上的发展
- 与主要部门的合作计划

初步评估对制订适当的教学计划很重要。了解学生的基本水平，有助于准确地追踪学生的进步和制订持续的计划。有许多商业方案都采用此方法。

案例分析

在这所K12全年龄的国际学校中，所有学生在入学前都要接受评估。学校具有包容性，不会因为语言要求而拒绝学生入学。学校对外语学习者提供语言支持，不收取额外费用；学校为外语学习者开办日常的课外俱乐部，家长可以选择让他们的孩子参加，但每天需要支付少量的额外费用，学校对俱乐部提出建议。

学校为已录取且有特定的外语学习需求的学生开设单独的课程。包括：

- 一位指定的外语教师
- 一位指定的同伴支持者
- 补课时间安排
- 课内支持量
- 目标
- 复习检查日期

在小学部，每个阶段（幼年、学前、小学低年级和高年级）都会分配一名外语教师。在某些情况下，教师会跨越多阶段工作。这位教师和大多数教师们一起，每天在家长们接送他们的孩子的时候出现。这名教师是主要教师学科规划会议的一部分，并支持具体材料的开发和教学方法的改进。

在中学部，教学方法略有不同。因为大多数学生在语言发展方面取得了良好的进展，重点是放在新生身上，所以外

语教学更强调初步的强化技能发展。外语教学部的两位教师
各自负责具体部门的工作，也会提供课堂支持。

活动

国际学校的所有教师都是语言教师，需要能够支持学生发展
外语技能以及学科知识、技能和理解力。阅读完本章后，请列出
你的学生所面临的主要挑战以及你可以使用哪些策略来应对挑战。

🔘 注意事项

每个教师都是通过语言进行教学，通过教学才成为语言教师。
在学生是外语学习者的情况下，教师需要认真思考他们使用的语
言和学生的需求，有助于学生既能学习课程又能记录自己的学习
情况。这不仅涉及专业词汇的学习和教学速度，还涉及有控制地、
有计划地使用外语。这一点学科教师和班级教师最初的培训中没
有被详细地介绍，但教师在此方面的能力对于外语学习者的成功
学习至关重要。课程中的文化因素也可能增加学生在非母语环境
中学习的挑战，或者使用不同于自己文化的学习材料，这都会增
加学习的难度。

在下一章中，我们将更广泛地研究课程及其对学习的影响。

补充书目

Baker, C. (1996) Foundations of Bilingual Education and

Bilingualism. London: Bath Press.

Cummins, J. (1979). Cognitive/academic language proficiency, linguistic interdependence, the optimum age question and some other matters. Working Papers on Bilingualism, No. 19, 121-129.

Hofstede, G., Hofstede, G.J. and Minkov, M. (2010) Cultures and Organisations : Software of the mind. New York: McGraw Hill.

Assessment-the Bell Foundation, https://www.bell-foundation.org. uk/eal-programme/teaching-resources/eal-assessment-framework.

IELTS, https://takeielts.britishcouncil.org/take-ielts/what-ielts.

第十章　应该教什么课程？

> "大多数教师知道本周或本学期的课程内容。但是很少有人能准确说出学生在经历了一段或几段学习之后，学到了什么，能够做什么。没有这种确定性，内容、评价和指导之间的一致性就很弱。"
>
> ——卡罗尔·安·汤姆林森

本章纲要

在本章中，我们将反思实际教学内容，并探索课堂中和整个学校调整课程内容的可能性，研究课程、教学、学习和评价之间的联系，以及跨课程活动的可能性。

我们将探索各种教学计划方法并分析影响学校课程的因素；回顾隐性课程、教学课程和课外活动等概念；衡量学校、部门和个人对课程有多大的权力；研究提供全国性课程的优势和挑战。

最重要的是探索课程、教学、学习和评价之间的关系，包括它们如何相互影响，尤其是课程和评价之间的关系，以及当学生校内转班后如何确保学生学业不受影响。

预期收获

读者将：

- 加深对课程、教学、学习和评价之间关系的理解
- 认识到在学校里计划和教授课程所面临的机会和限制，以及如何影响学生的参与度
- 将学校的课程作为一个整体来思考
- 评价自己教授的课程
- 探索跨课程发展的机会

认知误区：教师要按照课程设置授课。

引言

随着问责制的发展，学生进步和学校进度等情况需要详细向社会汇报。在这种背景下，我们要重新思考课程是什么？它与所教、学到的内容有什么关系？对当今的许多教师来说，课程似乎是由学校内外的其他人规定的，但所教的东西，更重要的是，学生所学到的知识取决于教师日常组织和活动。

在我开始教书的时候，我可以自由选择负责的高年级学生的教学内容，这样我能够充分利用学生的兴趣。作为一名年轻的教师，我在教授艺术、语言、数学和人文学科方面比教授科学更有信心，因此，课程设置会倾向于我的偏好。这样不利于课程内容的宽泛和平衡，因为在这种教学方式下，课程组织是以教师为中心，而不是以学习者为中心，课程内容没有整体结构，方法也没有连续性，很难确保学生有条理地获得技能、知识和理解。

现在，世界上许多的教育系统都大不相同。在一些国家，课程比较集中，例如在法国有一种说法，你可以在某一天访问全国的任何一所学校，就可以确定教学内容是规定的课本的哪一页。现在，我们对教与学之间的关系也有了更多的了解，并从各种课程模式的介绍中不断学习。在本章中，我们将简要介绍学校教学计划的背景，可用的不同模型，课程、评价、教与学之间的关系，以及教师如何平衡学生的需求和兴趣，在学校、地区或国家层面上提出更广泛的要求。

教学计划

在第五章中，我们主要探讨了教学计划。短期计划可以在一堂课、一周或围绕一个简短主题进行。如果你在一周内为一个班级讲授同一主题的若干课程，那么你很难完全准确地进行提前规划，因为后续课程会根据正在进行的教学和学习情况开展。中期计划可能是基于一段时间（例如一个学期或半年学期）或一个主题/单元。这都受到工作计划中的长期计划以及学习领域的整体教学计划的影响。在中期计划的层面上，教师将计划如何教授该科目，应达到什么成果，如何在广义上进行差异化教学以及使用的资源和评价。中期计划鼓励对长期技能的培养采取连续性的教学方法，并强调具体的关键技能和课程内容。

基于学科的课程

各个国家之间（有时在较大国家的地区之间）教授的科目不

尽相同，但是，相似之处远大于差异。在许多中东国家，地质学是一门课程；在拥有先进技术的国家，信息通信技术或计算机学是一门课程，或者与其他学科融合。在一些国家，某种形式的宗教教育是课程的核心；而在另一些国家，宗教教育是选修或完全禁止的。大多数国家都设置了母语、数学、外语、科学和人文核心课程，或者还有创意、技术和物理课程。但是，以学科为基础的教学并不是所有国家的标准。在本章的后面，我们将探索更多基于技能的课程系统。那么，为什么全世界的标准都是基于学科的课程？应该指出的是，学校早期教育通常不受学科的限制，有时还依赖于发现式学习。

幼儿通过多种方式学习，包括听、模仿、做、看和说。当他们在花园里看到一种动物或植物时，他们不会从特定主题的视角出发，他们可能会数花朵，闻香气，观察昆虫，说出颜色。对他们来说，学习是由好奇心驱动的。学科界限是用于组织学校教育的管理工具。令人悲哀的是，孩子接受教育后，他们的好奇心和参与度逐渐减少。可以说，课程设计首先是为了满足国家需要，而不是学生需要。历史上的先例很难改变，尤其是当学校的终点是通过规定的考试成绩来衡量的时候。基于学科来构建学校课程有其优点和缺点。

表10-1 基于学科的课程组织

有利方面	不利方面
为大量学生组织和提供课程的可管理的方法	一种不建立在孩子自然学习基础上的人工方法
为专业领域的详细学习做准备	以知识和理解为中心，忽视了对技能的培养

（续表）

有利方面	不利方面
专注于学习的核心领域	难以开发一种超越学科的统一学习方法
平衡学科关系	大部分课程安排是由学校以外的人决定的
允许教师发展专业知识并与学习者分享	排除或边缘化某些科目会导致课程范围缩小
易于评价和报告	导致内容过度形式化
有潜力深入探究某一主题	每个主题相对孤立地计划

　　路易·梅兰德总结了课程实施中的教师因素。"教学计划的困难主要在于，教师们没有接受过从普通教育的角度来思考的训练，他们接受的训练是基于学科或专业进行思考。"[①]

谁决定课程?

　　值得一提的是，在世界历史上，即使在所谓的"先进"国家，教育也是一种相对较新的现象。有组织的全民教育是一个相当新的概念，它最初关注的是少数人，尤其是富人。不管是过去还是现在，男性比女性更容易获得教育。

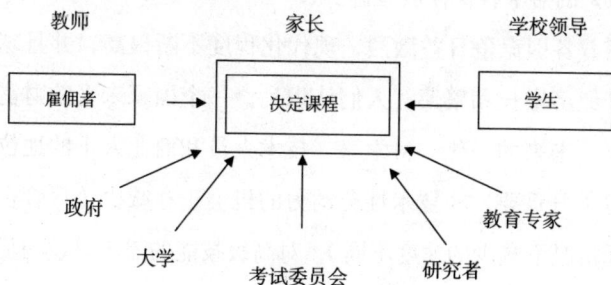

图10-1　决定课程的主角

---

① https://www.azquotes.com/quotes/topics/curriculum.html.

在不同的系统、不同的时间、不同的国家或地区，上图中的每一个因素都会对课程产生或大或小的影响。毫无疑问，世界范围内政府对教育的参与和规定越来越多。

历史上，大学直接或间接地对体系中的教学内容产生了巨大的影响，时至今日，大学的影响力依然强大。作为卓越和先进的学习中心，它们需要确保"最优秀"的学生进入它们的院校，以发扬高质量的学术传统，很少人会不同意这一点。长期以来，进行有意义的研究、扩展知识边界和增加知识内容的能力一直是学术成功的最高标准，也是评判教育质量的"黄金标准"。在大学里，研究的数量和质量一直是衡量声誉的标准，尽管在大学内部，杰出的研究工作是由少数人承担的。

为了明确学生被大学录取的要求，考试形式被引入，从而为学校课程的发展设定了参数。但事实上，在许多国家，大部分学生在高等教育阶段之前就离开了。然而，大学的涓滴效应十分强大，在许多情况下，它已经影响了课程的发展，而这些课程对许多学生，在某些地方甚至是大多数人来说可能没什么意义。因此，大多数人的需求就这样被掩盖了。

随着各国竞争日益激烈，现代化程度不断提高，并且越来越致力于经济增长和繁荣，人们认识到，一个国家未来的财富和福祉取决于未来的一代。科学家、技术人员和商业人士的地位和需求变得十分重要。非技术性劳动力的机会正在减少（尽管在不同的国际情况下减少的速度不同），对高级技能的需求日益明显。在其他国家，教育长期以来被视为机会和公平的工具，是培养理想公民的主要途径。

因此，各国政府更加关注学校的情况。此外，更多的关注吸引了更大的投资，政府很有理由想知道他们的投资结果是否物有所值！然而，有趣的是，教育投资额与所取得的成果之间的相关性是有限的。美利坚合众国在教育方面的投入高昂却没有收获相匹配的成果。[①]

为了确保教育质量和平等，许多国家已着手制定国家课程。教育发展模式反映了每个国家的历史和文化。有些国家是高度规范性的，而另一些国家则规定结果，委托学校决定如何实现目标，达到结果。学校的灵活性程度各不相同。但我认为比人们通常所认识到的更为广泛。国家可以规定教什么，但不能规定教学方法。国家课程的优点包括：

• 标准化，学生能够在系统内的不同学校之间流动，而不会对他们的学习产生不利影响

• 向利益相关者（包括父母和学校工作人员）说明教学内容和教学顺序

• 明确全国学习重点

• 教师发展有基础

• 有标准化评价的基础

• 透明性和平等性

• 可以制作高质量的资源来支持课程

不足之处包括：

• 缺少灵活性。一个国家的学生，特别是大国和人口多样性国家的学生，并不具有相同的背景或需求，教师可能缺乏相应调整课程内容的许可。

---

① 参见科尔曼报告和文章：https://academic.oup.com/qje/article/131/1/157/2461148.

• 从众。学校和教师可能会觉得有义务教授课程，但没有真正的主人翁意识，这会导致教学缺乏想象力

• 实用性。在任何国家或地区，学生群体间的差异很大，国家课程可能过于僵硬刻板，以至于无法满足特定的背景学生的需求和兴趣

• 创造性。学习过程应该产生好奇心和创造力，而这在提供标准产品时是不太可能的

• 过度限制。课程的设置可能会忽略学生的差异和兴趣

• 规模。确定国家课程需要在学科、学科内的平衡和学科内容上达成一致。在国家层面上达成一致可能是一个艰难、繁琐、耗时和昂贵的过程

• 更新。知识不是固定的，许多研究领域正以指数级速度发展。在一个庞大的体系中很难做出反映这种变化的改变

国家课程通常伴随着国家测试。在一个期望和责任不断增加的世界里，考试成绩（往往是整个课程中的狭隘方面）被用于问责和评价学生的主要标准。

因此，毫无疑问，考试对学校所教授的内容产生了相当大的影响，而且随着学生离校年龄的临近，考试的影响越来越大。考试成绩对教育竞赛中的学生来说是具有决定性的。在权力集中的国家，国家和地区监管者的关键作用是监督该体系，确保学校遵守规定，特别是规定课程以正确的方法教授。个人经验表明，这限制了学校的创新，免除了学校领导人的责任，并经常导致一个围绕合规性的精心设计的复杂系统。在该系统中，参与者展示他们如何看起来满足要求，然而，针对质量问题的行动和讨论太少了。

个别学校的愿景、领导力和课程

约翰·杜威（1902）指出："由于没有一套贯穿于整个人类本性的能力，因此没有一门课程是所有人都应该学习的。相反，学校应该教授学生感兴趣学习的一切。"学校有能力，也有必要确定自己的立场，并向家长、学生、教职工和社区说明这一点。这通常是通过学校的愿景和使命来启动的。而学校提供的课程是实现愿景的关键手段。大多数学校的愿景都强调卓越，很多学校强调平等。这样的愿景只能通过学校的行动来证明；有些愿景只是象征性的，对现实几乎没有影响。很少有人会说，他们的目标仅仅局限于学业上的优秀，或者他们应该被简单地以某一套考试成功的标准来评价。

在学校每天的教学中，通常令人印象深刻的愿景表达和现实的课程教学之间可能并不匹配。许多学校愿景强调创造性学习、解决问题和参与的必要，但教学却局限于狭隘的考试大纲。提供的课程技能让学生在学业上获得成功，又能培养学生终身学习技能，这两者之间不存在任何矛盾关系。

活动

查看你学校的愿景，然后确定你对课程活动的期望。下图构成了这些活动的基础：

表10-2　从愿景到课程实施

愿景期待的课程活动	事实证据

完成活动后，请思考如何修改教学计划或同事的教学计划，以支持开发符合学校愿景的课程。

案例分析

学校领导应确保教学计划能够满足学生的最佳长期需求，而不仅仅是满足获得资格证书的需求，无论这些需求多么重要。

印度一所成功的私立学校的校长认为，教师们正在缩小课程范围，以确保学生在考试的每个方面都训练有素，确保取得考试成功。她认为，这样的教学计划会使学习环境变得枯燥乏味，学生对学习的热情和乐趣丧失殆尽。她还认为，课程未能让学生为解决与现代世界和后学校生活相关的问题做好准备。现有的课程对创造力、解决问题和技能发展的关注不足，学习大多是浅层次的。但是，教师们已经习惯并适应了这种课程，并且认为任何扩大考试范围的行为，都会导致考试成绩下降，从而降低学校地位。在多次讨论中，校长阐述了她的观点，即把考试成绩和基于技能的学习相对立是错误的，学校可以两者兼顾。她的原因很有说服力，不仅学生的学习环境发生了转变,教师在教学中的乐趣也发生了转变(一旦他们适应了要求,就会创造出更有趣、更有挑战性的学习活动),考试成绩也提高到了更高的水平。

"我们必须停止向孩子们提供课程。我们必须和他们一起发现课程。"①

基于学科的课程的替代方法

在本节中,我们将探讨一些提供和组织学校课程的替代方法。这包括一些基于项目学习的讨论,和对一些注重技能和学科的商业系统的探索,这些系统既注重技能,又注重学科和综合方法,如STEM(科学、技术、工程和数学教育)和STEAM(科学、技术、工程、艺术和数学教育)。还有一个基于学前教育课程的部分,这可以为所有教师提供有用的思考,而不仅仅是那些专门从事这一领域的专家们。

1. 基于项目的学习(PBL)。基于项目的学习与基于学科的学习是截然相反的。巴克教育研究所对基于项目的学习的定义如下:基于项目的学习是一种教学方法,学生通过长时间的学习来调查和回答一个真实的、引人入胜的、复杂的问题或挑战,从而获得知识和技能。②

基于项目的学习可以在学校与以学科为基础的课程一起使用,作为课程的一部分,也可以是整个课程。这种方法在世界范围内相对少见,但在美国特许学校中最为普遍。在美国特许学校中,

---

① 参见 https://www.azquotes.com/author/39455-Will_Richardson.

② 参见 http://www.bie.org/about/what_pbl.

学生在"头脑风暴、设计和执行学生个人项目"的同时，设计自己的课程。

基于项目的学习有如下优点：

- 整合学科内容
- 基于切实的、有趣的机会的学习
- 现实生活中的问题
- 为现实生活做准备，被学生视为真实的生活
- 作业贯穿各课时，是关于思想的应用、研究和解决问题
- 学习融合"4C"
- 学生是项目学习的主要参与者，与以学科为基础的课程相比，学生有更多的选择
- 沟通和团队合作是学习的核心
- 学生开发出"产品"并分享他们的学习过程

任何一种教学计划的方法都会受到批评。人们对基于项目的学习提出了许多批评，最常见的是：

- 确保学习进度方面的困难
- 提供的课程缺乏连贯性
- 个别科目没有足够的深度
- 项目人为设计，缺乏真实性
- 教师没有足够的准备或技能来开发高质量的基于项目的学习课程
- 如果不把时间分配给各个科目，课程就有可能出现不平衡的风险
- 评价信度和效度，特别是在确定个人在小组项目中所表现出的相关技能和知识方面

除了理念上的差异外,在开发成功的基于项目的学习方面还会有实际的问题,这些问题会增加或降低成功的可能性。与所有的教育问题一样,这主要由领导和实际教学的质量决定。有趣的是,出现了一个名为"基于项目的高质量学习"(HQPBL)的组织,以提高基于项目的学习的教学质量[①]。他们在研究的基础上概述了一个框架,强调了他们认为对高质量学习至关重要的组成部分。HQPBL框架包含六个标准:

- 智力挑战与成就
- 真实性
- 公共产品
- 合作
- 项目管理
- 反思

已经出现了许多商业产品来支持基于项目的学习的发展。那些坚信学生会主导设计的人可能会拒绝这些产品,但许多教师很高兴能够获得高质量的资源和将产品个性化以适合自己的特定框架。图10-2简单地呈现了基于项目学习的连续性:

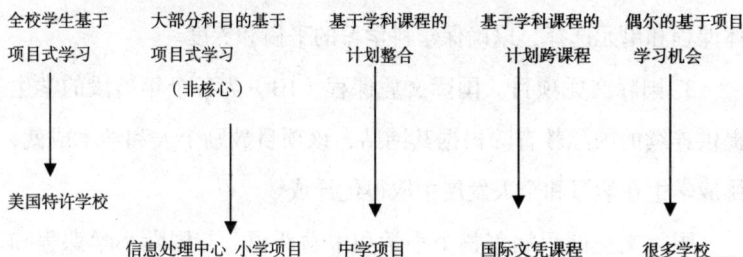

图10-2　基于项目学习的连续性

---

① 详情见 https://hqpbl.org.

2. 国际小学课程（IPC）。国际小学课程是作为英语国家课程的替代性平行方案而开发，主要用于国际学校。它扩大了教材范围，学校可以为不同年龄的学生提供非常多的项目选择，为5—7岁、7—9岁和9—11/12岁的学生设立了三个里程标小组。IPC课题来源广泛，内容精彩纷呈，并明确了每个单元的课程重点，以便学校在选择单元时能从整体上取得适当的平衡（母语和数学是分开教的）。本课程以综合学习目标为基础，涵盖一系列学科、个人目标和与国际意识相关的目标。国际小学课程有8个个人目标——探究、坚韧、道德、沟通、体贴、合作、尊重和适应能力。

同时也有一个学习项目的辅助评价，已经编制了130多个单元，也有针对早期教育和中学教育的项目。下面是一个单元的概述：

活跃的星球（里程标2，年龄7—9岁）
主要思想：构成地壳的构造板块一直在运动。即使是最小的移动也能引起巨大的地震、火山和海啸，破坏广大地区。如果我们能了解地下正在发生什么，我们就能学会预测和保护自己的未来。 **学科范围**：科学、地理、技术、音乐、历史、艺术、国际体育学会

无论提供何种教材和框架，学校都必须定期计划和审查其整体课程和单元选择，以确保学科学习的平衡和深度。

3. 国际文凭项目。国际文凭课程（IB）为各个年龄段的学生提供连续的国际教育。根据其网站，该项目鼓励个人和学术成就，挑战学生在学习和个人发展中取得优异成绩。

国际文凭课程涵盖整个小学和中学课程，与国际小学课程和其他相关课程一样，它在使用材料之前需获得授权。

•小学项目	年龄段: 3—12岁
•中学项目	年龄段: 11—16岁
•文凭项目	年龄段: 16—19岁
•职业相关项目	年龄段: 16—19岁

该项目已建立良好的基础,而职业相关课程则是为满足16岁以上学生的需要而增设,这些学生的兴趣更偏向于职业导向。

这些项目反映了前文所述的总体目标,但各项目间差别很大。在小学阶段,与国际小学课程相似的是,基于项目的学习贯穿了大部分课程。

中学项目(MYP)更加以学科为基础,共有8个学科组,一年内需要进行50小时的学习:

- 语言习得
- 语言与文学
- 个人与社会
- 科学
- 数学
- 艺术
- 体育健康课
- 设计

但是中学项目要求每年以跨课程的形式将一些学科联系在一起,并通过一个跨学科的单元,在一个以上的学科领域合作规划。此外,还有社区项目和个人项目。

文凭项目(IBDP)主要是为学生进入高等教育做准备的课程。课程由不同学科学习组成:

- 语言和文学学习

- 语言习得

- 个人与社会

- 科学

- 数学

- 艺术

文凭项目包括一些标准和高级水平的科目。文科组是可选的，学生可以从科学、个人与社会或语言学习中选择一门学科替代。此外，还要撰写一篇论文，这是一项独立自主的研究，也是对创造力、活动、服务和知识理论研究的综合评价。

越来越多的大学对文凭项目为高等教育学习所做的准备表示赞赏。

4. 职业相关课程（CP）。是为16—19岁的学生设计的，旨在支持学生接受高等教育、就业或实习。学生学习文凭项目中的两门国际文凭课程和一门核心课程，可以培养个人素质、专业技能以及终身学习所需的知识习惯。学生们还学习与职业相关的课程。

5. 科学、技术、工程和数学教育（STEM）。前文中已经提到某些专业对国家经济和繁荣十分重要。这让许多政治家相信，未来的劳动力需要精通科学、技术、工程和数学科目。因此这些学科的重要性，尤其在发达国家的就业市场上越来越突出。

STEM是一门课程，其理念是采用跨学科和应用的方法对学生进行科学、技术、工程和数学这四个特定学科的教育。[①]

一些国家已经成立了国家小组来推进这一议程。STEM背后的关键思想是通过有计划的学习机会来提供连续性、进步的和真实

---

① 参见 https://www.livescience.com/43296-what-is-stem-education.html.

性的教学。STEM与21世纪的学习议程紧密相连,旨在培养创造性的思考者和问题解决者。STEM是综合学习的一个示例,它包含以下部分或全部要素:

- 为学生提供移动设备(有时以计算机实验室的形式,有时以1∶1的形式,每个学生一个设备)
- 课后STEM俱乐部或项目
- STEM课程,其中嵌入了使用STEM实践的项目
- 自带设备计划(带上自己的设备,例如智能手机或平板电脑)
- 设立"STEM日",以鼓励在这些学科中进行实践探索
- 机器人项目

与基于项目的学习一样,STEM的目的是让学习尽可能接近现实生活,并为真正解决问题提供机会。许多国家都在STEM项目上投入了大量资金,尤其是美国,它将这种方法视为提高STEM课程中相对较差学生水平的一种手段。

有人认为,STEM方法过于狭窄,无法满足成功创新的需求,因此他们提倡与艺术课程相关的创造性、协作和沟通技巧也同样需要受到关注。他们引用近代和远古时代的成功创新者的例子,以证明他们的成功是建立在跨越艺术与科学、工程学领域的综合技能之上的。例如,最重要的作家、发明家、科学家、艺术家和工程师莱昂纳多·达·芬奇,以及既是杰出音乐家又是创新科学家的爱因斯坦。

6.科学、技术、工程、艺术和数学教育(STEAM)。如上一节所述,一些雇主、父母和教育者认为仅有科学、技术、工程和数学教育会忽略了学生在不断发展的工作场取得成功所需的另外的

关键要素。科学、技术、工程、艺术和数学教育包含更多艺术元素，旨在扩大课程整合的范围，培养学生沟通能力、批判性思维和创造力，以及解决问题和体验式学习的能力。这种方法被认为是培养未来领导者和创新者的重要途径。[①]

学科教学整合的挑战

尽管学科教学整合背后的理论非常具有吸引力，但在实施过程中仍存在相当大的挑战。

活动

在继续阅读之前，列出你认为的学科教学整合的主要困难。将你的答案与书末的反馈部分（见反馈11）进行比较。

在教师的教育生涯中，学历教育和教师培训都是以学科为基础的方法培养的。事实上，在许多国家，教师教育更多地关注学科知识，而不是技能发展，更不用说跨学科技能的发展了。大多数中学的结构尤其反映了这一点，比如人员编制和时间表安排。大多数考试制度主要或完全基于科目的成绩。要让教师们一起工作，一起计划，并通过整合学科教学的方式承担与教学改革相关的风险，就需要有自信、有能力和有灵感的领导，需要有能理解和接受学校提议的父母。

在缺乏投入或需求的情况下，个别教师仍可以采取小步骤，

---

① 参见 https://educationcloset.com/steam/what-is-steam.

将学科课程整合在一起。比如,现代外国语言系与艺术系计划用法语教授一堂关于法国印象派艺术家的课程。更多的例子将在下一节中列举。在这些特殊的日子里,正常的课程暂停,专门用于学科整合的综合学习。

早期教育

课程应该帮助孩子对自己的经历有更深入、更全面的了解[①]。有趣的是,在英语教育体系中,早教课程(3—5岁的儿童)与年龄稍大一点的学生课程采用的基本理念和结构并不相同。早期教育基于7个学习领域,分别是:

- 沟通与语言
- 体育
- 个人、社会和情绪发展
- 读写能力
- 数学
- 理解世界
- 艺术表现力与设计

早期教育针对17个早期学习目标进行评估,涵盖7个领域。但是,5岁后的孩子们就要被转移到一个完全不同的、更加强调学科的框架中。虽然国家课程没有规定课程必须按照这样的方式教学,但这是普遍采用的教学体系。

世界范围内,一些早期教育体系更加以学科为基础,有专门

---

① 详见 https://files.eric.ed.gov/fulltext/ED436298.pdf.

教师领导某些学科的教学。这些学科有规律的时间表，并且有非常精确的学习结果。例如在蒙特梭利学校，他们的教学方法是以儿童为中心的，并以发展学习环境为基础。该学习环境能满足和发展孩子自然求知欲，从而发展独立性和专注力。学习建立在八项准则的基础上，学习被认为是以不同的速度在进步。这一点在孩子们进入下一学习阶段之前应该得到承认。

活动

学校教师可以从许多早期教育课程中学到什么？列出你自己的清单，然后在书后找到一些建议（见反馈部分）。

特殊课程日

许多学校认识到以学科为基础的课程既有优点也有缺点，因此他们会在一年中的某些时候暂停常规的课程表，来专注于一个综合的主题。例如，许多学校每年都会举办运动会，但这并不是以学习为中心的。停课时间可能是一天、几天或一周。这样的活动需要精心的计划，需要教师以完全不同的方式工作，并且往往会超出他们自己专业知识的舒适区域。为学生提供综合学习通常是令人兴奋和不同的体验。特殊课程日的另一个好处是，教师可以与不同的同事一起工作，以不同的方式计划，并且观察不同的学习发展方式，这可以促进教师的实际发展。

作为英国一所充满挑战的高中的校长，我参加了特殊课程日活动。第一天的重点是解决科学问题，另一天则是历史。这些活动都是经过精心策划的，将整个年级组近200名的学生及教师聚在一起。团队合作得以发展，学生和教师中产生了具有持久影响力的动力，并帮助教师挑战学生常规课程中可能发生的事情和期望的事情。

案例分析

我是一所只有16名教师的小学校的校长，学校被要求按照国家规定的课程进行教学，而我们开始利用特殊课程日来解决我们认为在课程表中没有充分涵盖的课程领域。第一次的尝试为期两天，以职业教育为基础，面向全校学生，其中绝大多数是11—18岁的学生。第二次尝试是持续了整整一周的艺术周。由于教师缺乏音乐和舞蹈方面的专业知识，我们从社区引进了专业人员。这周，我们有一位常驻艺术家来访，还有来自当地学校、当地音乐学院、芭蕾舞和戏剧团体的音乐演出。我教育生涯中最精彩的一天发生在那一周的倒数第二天。整个活动是由我的副手组织，他告诉我，我将成为芭蕾舞团的一员。作为一个最不熟练和最害怕的舞者，我试图逃避这一任务。然而，所有最有可能制造麻烦的男孩都选择了这个组，这意味着我除了参加之外别无选择。

芭蕾舞团由五位年轻女性组成，她们整天和学生还有一两个工作人员在一起。她们告诉我们，将在这一天结束的时候向全校师生演出（这些细节都是事先计划好的，但我没有去注意细节）。舞蹈演员们开始大量热身，我观察到，与年轻、健美的女性一起工作给男孩们带来强大的动力。我们都认真地合作，芭蕾舞演员们指导我们学习新技能，我们非常享受，音乐与学生们产生了共鸣，演出取得了惊人的成功。我们看到了孩子们难得的一面，他们也看到了自己不同的一面。随后，学校在今后的时间表上增加了表演艺术的时间，尽管是由一位才华横溢但年龄稍大的教师当艺术指导。

课外活动

世界各地的课外活动都是对学校计划的教学课程的补充。它们可以被称为丰富活动或合作课程活动，形式和内容多种多样。这些课程可以由学校教职人员自愿教授，也可以作为合同义务的一部分，就像许多私立学校那样；它们可能由商业团体资助；也可能是由志愿者指导，比如父母或其他一些人。在一些学校，高年级的学生会在教师的指导下负责低年级的学生的课外活动。我甚至了解到一个8岁的女孩提议建立午间艺术社团，并在校长的鼓励下成立了这个社团。它有效地运行着，这位小领导每学期都要提交一份开支预算。

课外活动有免费的，也有需要家长或照顾者支付额外费用或部分资助的。课外活动可以在上学前、放学后、午餐时间或所有这些场合进行。长期以来，学校一直在艺术和体育领域有开展课外活动的传统，而且会选拔学生代表学校参加表演和比赛。如今，学生们的兴趣、学校的想象力、物质和人力资源决定了他们的表演内容十分广泛。最近几周我观察到了以下不太常见的俱乐部：

• 跆拳道
• 芭蕾舞

- 环境保护
- 蛇类保护
- 电脑游戏
- 折纸
- 讲故事
- 游泳
- 机器人
- 模拟联合国
- 手语
- 象棋

课外活动有很多好处，它们扩宽了课程范围，提供了认识新朋友的机会和学习感兴趣的领域的机会。它们允许学生以不同的方式与教师和其他成年人一起工作。它为所有学生，包括学习困难的学生，提供了获胜的机会。它为那些特别感兴趣或有才能的学生提供高水平的比赛，为那些寻求就业或进入高等教育的学生提供了全面发展、有敬业精神的证据。

当然，课外活动也有一些问题。当学生担任其他职责时，他们可能会过度投入。课外活动的成本会出现教育资源不公平的现象。对于那些离学校很远的学生来说，交通问题可能是一个挑战，而对于长时间教学的教师来说，因为需要付出更多的时间精力，他们会面临更大的挑战。哈蒂的研究表明，课外活动对学生的学习成绩几乎没有什么积极影响（效应值为0.19），但这从来不是他们的主要目标。在许多精心规划和高质量运行的学校，其影响会高于这一平均数字。

基于技能的教学与评价

在课程中，知识和技能两个方面的教学需要取得平衡。这些知识和技能既要包括具体学科又要涵盖通识学科。后者包括：

- 研究
- 问题解决
- 批判性思维
- 进行扩展或项目工作
- 组织材料，想法和思想
- 口头展示
- 辩论
- 合作
- 信息技术素养——使用技术的各个方面（例如，制作幻灯片，开发和使用电子表格或桌面出版）
- 评价
- 创造力

这些技能对更广泛的学习发展是必不可少的，许多人甚至认为技能比学科知识更重要，但这在教学计划中通常被忽视。许多学校发现，在以学科为基础的课程中，计划这些技能将在哪一阶段传授是很有帮助的。例如，在关于第一次世界大战的学习模块中，预期会有这样的机会。表10-3清楚地显示了学科知识和技能发展之间的联系：

表10-3 基于技能的学习计划

知识	技能	个人或小组工作
一战原因	批判性思维——从不同证据来源评价原因	个人
受伤和死亡的规模	使用信息通信技术以图表形式展示信息,说明主要国家士兵的伤亡情况	小组
战争性质的变化	评价——科学技术对不断变化的战争的影响	小组
战争对人类的影响	展示——使用各种资料描述战争对生活某一方面的影响	小组

如果学校采用有组织的全校方式教授跨课程技能,那么他们就有可能开发出可以系统评价技能的系统来支持学生发展这些技能。这种系统也可以在特别强调一项或几项关键技能学科层次上开发。

跨学科活动

虽然之前的分析局限于特定的主题,但相似的方法也可以应用到跨学科课程。这使学习更真实,更深入,更有效。跨学科活动利用现有的联系,使学习时间更有价值。比如,以下的跨学科课程:

- 戏剧——展示了在战壕里的生活或对家里亲人的影响
- 诗歌——战争诗歌的分析
- 艺术——分析在艺术中描绘的战争
- 技术——武器的发展
- 科学——使用毒药作为战争条款的科学伦理

- 信息技术课——制作各种形式的课堂展示
- 创意写作——战壕里的家信
- 地理——二战前后欧洲地图的变化
- 社会——战争导致妇女角色的变化

一位老师不可能对所有班级的学生都使用这些方法。

学校制定一份完整的课程图，帮助解释如何教授各项技能是很有用的。我见过最有效的做法是以网格形式进行，并且经常在学校和基于学科的教学方案中进行展示。在一所学校，靠近入口的一整面墙上都展示了这份课程地图，教师、学生和家长都知道学校计划采取的措施。这有许多好处，包括：

- 可理解度高，使人们能够直观了解学校的期望
- 计划和跟踪关键技能的教学地点
- 促进连续性和进步
- 确保各技能之间的平衡
- 明确的教学期望
- 评价清晰
- 建立跨学科链接

并不是每个年级组的每门课程都会教授一项技能，但要制定明确方法，强调随着时间的推移，技能也要得到发展。以技能为基础的学习机会的重要性不会因为追求考试成功所需的知识而消失或削弱。

课程、教学、学习和评价

无论学校采用何种课程，其主要挑战之一是确保课程、教学、

学习和评价之间的协调，并决定哪一要素应成为学校实现充分发展学生学习的最终目标的驱动力。在持续专业发展（CPD）课程中，我曾要求小组以图表或图形或不超过一个单词标签的方式，展示他们对这四个要素和驱动力之间关系的看法。结果在艺术和哲学层面上都令人着迷，并帮助个人思考了他们希望建立什么样的关系。

活动

画出你自己的图表或图片，说明各元素之间的关系。用两句话总结你从这个活动中学到的知识，以及你可以怎么利用这些知识。

当我在工作坊中开展这项活动时，教师们对主题的描述已经展示了元素之间的相互关系，他们通常使用齿轮、植物或耕作等图片形象地表示关系。几乎在每一个案例中，课程都被视为核心驱动力，而评价往往被看作强有力的决定。我喜欢这些比喻，学习被描述为随风航行的旅程；课程是风，驾驶船前进；评价是船帆，调整机制，控制前进的速度；教帅是船长，负责确定方向，调整风帆。还有别的比喻，课程就像树根，教师就像施肥的农民，评价是农民检查天气和生长情况，而学习则是果实。

下一节将讨论课程与其他三要素之间的关系。

课程与教学

课程因学校和国家而异，因为教学内容有特殊性，教师具有灵活性。有些学校会明确规定预期成果，但把如何达到成果的专业决策留给教师。另一些学校会提供详细的、预期会使用的资源，这些资源与教科书经常一起使用；事实上，在一些国家，没有与"课程"对应的词。

在我看来，规定的课程和有效的教学之间存在如下挑战：

• 解释——教师往往注重的是教了什么，而不是学生学了什么。认为只要通过教学，学习将自动发生

• 限制——课程，特别是具有国家和国家评价性质的课程，可以成为教学的全部依据。即使学生有更多的兴趣、能力和当前的学习机会，教师也不能超出课程规定的范围

• 容量——在国家规定课程的学校，课程内容往往很庞大，教师们感到压力很大，不管教学结果如何都不得不将其完整地传授给学生。因此，实践和基于技能的学习机会就会减少

• 包容——不同班级和不同地区的学生各不相同。没有一门课程能成功地满足所有学生的需求，在教学内容方面需要有灵活性。课程设置可能不适合有特殊需要的学生

• 更新——制定一门课程需要时间，尤其是在全国范围内。修订也需要时间和资源。因此，课程可能会很快过时，既无法反映学科知识和基本技能的当前变化，亦无法反映关于学生学习方式的最新研究

• 综合——大多数教学计划是基于单个学科的，这使得跨学科学习很难发展

• 复杂——世界正变得越来越复杂，将课程表缩减为可评价的学习内容，并不能让学生为他们将要面对的世界做准备

"比课程更重要的是教学方法和授课精神。"（伯特兰·罗素，

1932）有趣的是，在一些国家，例如新加坡，教师被分配了10%的"空白"时间来发展和介绍自己的课程理念，从而培养特殊学习群体的创造力、兴趣和相关性。

课程与学习

课程是说明教师应该教什么，但重要的是学生学到了什么。教育的重点必须放在教学成果上。在学生学不到东西的时候，继续教授一套固定的课程大纲以确保覆盖课程范围，对谁都没有任何益处。学习上的失败可以被看作是学生没有充分投入，而解决方法就是更加努力学习。因此，在学习过程中，教学和课程都没有任何责任。

以下是课程与学习之间存在的挑战：

• 节奏——考虑到在一个时间段内给定的课程，教师应该如何平衡需要更多时间学习和应用概念的学生的需求和完成课程的时间

• 深度——在试图确保课程完成率的过程中，学习仅限于通过记忆的浅层学习，而不是注重理解和应用的学习

• 包容——学生有不同的学习需求，不能全部以相同的深度和速度前进。当可以轻松地掌握所需的内容时，有能力的学生是否有足够的挑战？而那些觉得学习困难的学生是否能得到支持，以取得他们有能力的进步

• 责任——学生有责任根据教师所解释的课程要求进行学习

课程与评价

课程评价，包括形成性评价和总结性评价，可用于多种目的。除了用于确定单个学生的成绩以外，它还是保证学校质量的关键要素和评判学校的标准。这些信息在对个别教师和部门的评价中也有很大的作用。

使用总结性评价带来的挑战：

• 狭隘性。教师为了学生、学校和自己的利益，非常注重考试成绩。因此有可能出现"应试教育"，发展满足考试要求的学习，而不是更深入、更持久的学习

• 专注于少数学生。当学校以及格或分数作为评判标准时，教师会对接近成功的学生给予过度关注，这可能会损害整个学生群体的利益

• 缺少形成性评价。当问责制很重要时，学校会过度关注外部评价和总结性评价。这会带来一些问题和可能的扭曲

• 压力。如果对学生某一学科多年来的学习情况进行评价，并在同一时间内进行，并给予首要的重要性，这会给学生带来很大的压力。有些人会在压力下茁壮成长，但另一些人则不会。我们需要重新评价大量考试压力对学生的影响以及学生的短期和长期健康状况

• 评价准备。学生花大量时间准备外部评价，减少了学习时间。考试结果反映了准备情况和考试技巧，而不是真实的学习

• 轻视。不被评价或认为不重要的一些学科或学习会被边缘化和贬低

• 指责。学习成果带来的压力会给学习创造不健康的环境。在

这种文化中，人们会因为结果低于预期或希望而受到指责

评价中的一个特别的挑战就是评价学习的跨课程方面，要做到这一点，需要观察技巧和评价框架。如果要避免潜在的遗漏、无休止的重复和行政负担，框架需要在整个学校而不是部门内部构建。评价需要纳入教学计划之后进行，如果某个特定的方面在计划中有所体现，那么就需要有一个评估系统。一种非常有效的评价方法是与学生共享标准，让他们自我评价、同伴评价，然后交给教师进行验证。

隐性课程

隐性课程是用来描述学校不成文的愿景、目标和实践的术语。它可能与学校宣布的意图一致，也可能不一致，但反映了学校的文化和优先事项。

例如，一所学校可能声称具有包容性，但不愿以任何方式调整其课程以满足有特殊需求的学生的需求。

案例分析

我记得有一位盲童的父母在当地为孩子找幼儿园。该地区的所有幼儿园都声称自己具有包容性。但除了一家幼儿园外，其他幼儿园都坚称，在采取一系列措施之前，他们不能保证女孩在学校的安全，因此无法考虑让她来上学。一家特殊幼儿园愿意接受这个女孩，并尽最大努力与家长和其他机构合作，以确保提供合适的学习环境。这种积极的方式带来

了巨大的成功，也真正体现了学校公开宣称的愿景。隐性课程和实际课程之间没有任何偏差，这所学校的伙伴关系、积极性和解决问题的能力显而易见，学校教师认为盲童的入学提高了学生和教师的重要性。

越来越多的学校开始意识到什么是教学课程的基础。这些学校试图通过明确阐述支撑课程的价值观，以及他们希望在学生身上培养和发扬的价值观和技能，将隐性课程公开化。

活动

你们学校有隐性课程吗？它是什么？查看学校生活的反馈部分，可以确定隐性课程。

课堂教学的启示

"要想学到书本以外的东西，你需要能够试验、犯错、接受反馈，并再次尝试。不管你是在学骑自行车还是开始一份新的职业，试验、反馈和新试验的循环总是存在的。"（查尔斯·汉迪，2008）

作为一名班主任，课程可能看起来是既定的，必须以规定的形式进行。然而，教师有相当大的（往往是未实现的）自由裁量权来提供满足特定学生需求的课程。无疑，教师面临着许多压力，要通过有时是狭隘的评估来显示成功的教学，但教学艺术的一部分是确保课程适合班上学生的需要。如果没有合适的课程，学生就不可能参与其中，学习就会受到限制。很多年前，英国出了一本关于教育的小册子，强调了课程的四个要素。课程必须是"广泛的、平衡的、相关的和有区别的",如果具备了这些要素,学生就最有可能学会学习,享受学习的乐趣。

"人们在回首往事时,会对那些优秀的教师心存感激,但也会对那些触动情感的教师念念不忘。课程是如此必要的原材料,但对于成长中的植物和孩子的灵魂来说,温情才是至关重要的元素。"①

活动

你的课程的广泛性、平衡性、相关性和差异性如何?你能做更多的事情让课程生动活泼,促进学生的学习吗?

注意事项

在大多数学校里,课程看起来是集中管理的,但没有一门集中管理的课程能够规定教学细节。在规定了知识的地方,有无数种方法可以发展知识,更重要的是,可以发展对知识的理解。无论预期的知识基础是什么,都不应该脱离技能,教师可以也应该计划如何教授技能,以确保学生的长期能力发展,以最深层的形式继续学习。在年级和整个学校层面,教师和领导可以推动一种连贯协调的方法,以发展一套广泛、平衡、相关和适合特定学生需要的课程。规定的课程是吸引学生参与学习的教学计划和教学的起点,而不是终点。教师有自由裁量权和责任使课程对她所在

---

① 参见 https://www.carl-jung.net.

班级的学生都有意义。在下一章中，我们将探讨资源是如何支持学习的。

补充书目

PBL-available at: https://hqpbl.org/wp-content/uploads/2018/04/Defining-High-Quality-PBL-A-Look-at-the-Research-.pdf.

IBO programmes-available at: https://fieldworkeducation.com/curriculumshttps://ibo.org/programmes.

Industrial model of schooling-available, for example at: http://creativecurriculumisabella.weebly.com/the-factory-model-of-education.html.

Extra curricular activity-available at: https://www.theeducator.com/blog/role-extracurricular-activities-students-development.

第十一章　如何有效地使用资源?

> *"教学资源能够支持学生学习并引导学生成功。"*

本章纲要

本章将从课堂教师的角度探讨资源在教学发展中的作用，探索教师在获取和开发资源方面的选择，并分析在使用教材过程中产生的问题。将考察信息通信技术作为学习工具的潜力，分析关于资源分配的案例研究，并引发对金钱价值概念的思考，以及如何结合对资源的思考。

预期收获

读者将：

- 了解资源如何支持学习
- 评价使用商业性教材的优点和缺点
- 探索各种资源的价值
- 思考教师如何在时间和预算限制内开发有效资源
- 探索使用信息通信技术作为支持学习工具的优势和挑战
- 探索如何利用资源发展学生的学习能力

认知误区：拥有的资源越多，教学效果就越好。

引言

我所见过的教师或学校领导都声称，资源的增加会对学生的成绩产生积极影响。事实上，在影响学生学习成果的因素中，资源的影响力较低。但在核心学习资源严重短缺的情况下，资源的影响力较高（世界上许多发展中的教育系统的情况就是这样）。教学资源就像工具，使用效果取决于它们的适用性和使用方式。人力资源是决定学生成绩的重要因素。举个例子，在解决家庭故障或简单维修方面，我的能力充其量只是一般水平。我用普通电钻比用手钻能更好地完成任务，但是，我用电钻的危险性会很大，因为我可能会在几秒钟内造成无法估量的损失。因此，高级的专业电钻对我来说就是浪费。一个有工具的傻瓜仍然是傻瓜！有时，工具越强大，使用工具的人的责任就越大，潜力也越大。

教学资源

教学资源可以分为若干类，如：

- 商业生产资源
- 实用资源、设备、教具和游戏
- 手工艺品
- 自制资源
- 技术资源

大多数课程大纲都由商业性部门或相关国家机构提供的教科

书支持。实际上，在某些国家，父母和一些教师很难理解教科书和课程之间是否存在差异。学习相关教科书，或多或少都可以保证考试成功。

商业性教材对教师有许多吸引力和优势，因为它们：

- 通常制作精美，有高质量的设计、照片和插图
- 提供需要完成的任务以及大量信息来源
- 由学科专家编写
- 提供参考和灵感
- 通常相对便宜
- 节省教师备课时间并产生教学思路

然而，它们也有一些局限性：

- 教材往往更新不快，而且在许多情况下，无法反映最新的观点
- 随着课程和考试的变化，教材也需要更新
- 教材通常以欧洲为中心，即使有些教科书已经努力满足世界各地不同学生群体的需求
- 阅读材料所要求的阅读水平高于某些学生的水平
- 教材是通用的，针对的是普通学生；在不同国家和地区之间以及在学校内部，不同群体的学生的经历、文化和背景之间存在显著差异
- 教材可能包括一些学生群体无法理解的示例，或者在某些情况下不适合学生的示例
- 学生、家长甚至教师都可以将其视为课程，其他任何资源都不被认为是必要或适当的

- 教材没有足够的差异化来满足所有学生的需求（尽管一些出版商正在制作平行文本，以不同的可读性和理解度来处理相似的内容）

- 教材在学习的特定方面只建议一种教学方法，限制了教学

- 教材限制教师在特定学生群体中提高学习的最佳方法的想法

在某些学校中，另一个因素是费用。如果费用由学校承担，学校拥有这些资源，并把它们借给学生。但是学生可能并不会妥善保管图书，这就使得丢失和更换教材的成本会很高。在费用转嫁给家庭的情况下，一些家长确实没有能力负担教材的费用，这使他们的孩子处于双重不利地位。不仅没有足够的学习材料，而且还遭受社会污名化。

一些学科，尤其是人文、技术和科学学科，学科内容比较固定，但仍有变化。另一些学科内容或重点的变化更多的是由于政治上强调应该教什么和学什么的变化所致。遗憾的是，通常没有可靠的证据表明，改革实现了预期的目标。事实上，在将改革推给教师和学生之前，很少或根本没有进行试点工作。更应该关心和注意的是这些措施的出台是否真正改善了教学质量。

案例分析

几年前，我在一所城市的高中工作，那里的许多学生的英语水平都很低。人文学科的教师对大量新生（通常接近一半）较低的读写水平感到不满。这些学生的表现要比他们的实际年龄低4岁左右（即11岁的孩子的阅读水平仅仅相当于7岁的平均水平）。许多学生阅读学校最近购买的、吸引人的教

科书十分吃力，教师也面临巨大的挑战。可读性测试表明，13岁的孩子才能理解这本书的大部分内容（详见附录2）。这种情况下，学校需要重新处理资源和教学等问题。

- 教材被视为资源，而不是课程的关键元素；教材往往被用作参考资料，用来说明图形和进行拓展工作

- 开发可供学生访问和使用的并行工作表和提示表，并减少内容量，使其更易于管理和阅读

- 采用混合能力分组的方式（在已经具备混合能力的班级中），确保小组中一些学生具有良好的阅读能力，并确保所有人都能理解课文内容

- 在计划课程时，不仅注意学科专业词汇，还要注意口语和书面语的区别；教师们需要努力保证学习的关键领域不被授课语言影响和掩盖

- 人文学科和解决个人需求的部门之间建立更紧密的合作关系，并为入学时缺乏适龄技能的学生开设更多的精读课程

教材通常只是知识的载体。在提供有效学习所需的技能和性情发展方面，学生仍然高度依赖教师的教学。

活动

检查你经常使用的教材并确定：

- 这本教材是否大多数学生能够理解？（可读性水平）

- 教材吸引力如何？

- 教材所提倡的学习平衡是什么？（记忆和浅层学习或技能发展和深层学习）

- 教材时效性如何？
- 教材所选文章哪些地方需要修改或补充？

在检查教材时，不仅要看内容，还要看它是如何呈现的。对于阅读不流畅的读者来说，页面上的打印量、字体大小、视觉图像的使用以及页面上的留白都会影响读者对阅读材料的理解力。

实用的资源和手工艺品

在实用资源中，玩具、手工艺品、教具、器具和游戏都鼓励学生"动手学习"。小孩子主要通过看、听和做来学习。抽象学习对他们来说，基本无效。在皮亚杰的认知发展模型中，具体操作阶段大约从7岁或8岁开始，通常在11岁时完成。在这个阶段，儿童只对实际的物理对象运用逻辑。虽然儿童可以用逻辑方式解决问题，但他们通常不能进行抽象或假设思考。

对于年纪较大的学生，实际材料的价值也不能被低估。对抽象思维感到困难并且口头信息记忆能力还未充分发展的学生来说，使用实际材料必不可少。一般来说，男孩比女孩更需要具体物体的支持。不管对加德纳的多元智能理论有何保留意见，对许多学习者，尤其是接受语言能力欠佳的学习者提供不同学习方式的资源都是有益的。

案例分析

在最近观察的历史课上，中学生正在研究一系列阿兹特克手工艺品（复制品而不是原作），并试图确定当时社区和村庄的生活情况。他们积极参与,并提出许多有趣的想法。基于学生们自己的发现而展开的讨论质量非常高,并且得到了教师的极大帮助。教师成功地鼓励学生们去证实他们提出的各种猜想的可能性,这对学生的学习很有帮助。如果没有教具,发人深省的教学就很难开展。照片和视频会比单一的语言更好,但它们对学习的影响不如学生可以亲身体验的课程。模拟视频有助于学习,但效率不如"动手"实践。

课程中的某些科目很容易开展基于活动的学习。没有实验操作的科学课,没有运动的体育课,没有动作的舞蹈和戏剧课,没有制作的设计和技术课都将失去其学科的重要本质。作为学科教师,当你计划这些课程时,需要思考:

- 可以为实践学习创造哪些机会?
- 机会将如何促进学生的学习?
- 哪些资源随时可用?
- 可以找到或开发哪些资源来支持学习?

学习机会主要取决于教师个人的智慧,尤其是在资源匮乏的教育系统。印度一所小型乡村小学的一位教师,他设计了一门实用科学课程。该课程以学校内部、周围的资源以及当地家庭容易获得的物品和材料为教具。他运用自己的聪明才智把课程变得生动活泼。想要获取更多通过简单资源开展实用科学课程的信息,请参见http://www.gettingpractical.org.uk/m3-2.php(初级科学)或者https://www.stem.org.uk/sciencepracticals,许多折扣店也是不错的选择。

自制资源

无论学校有多少商业资源，它们都不可能永远满足教师班级中某些或全部学生的需求。在满足学生个人需求的章节中，我们了解了差异化教材的需求和作用。尽管科学技术和复制技术不断普及和发展，自制材料仍然不可能达到商业材料的外观质量。教学材料的选择关键是看教学内容的特性及与学生学习需求的相关性。自制材料需要时间、精力和创造力，但值得投资。我看到一些学校的妈妈们在教师的指导下，欢乐地聚集在一起，制作简单的学习材料，使学生直接受益。从长远来看，保存技术上产生的想法或者保存手写工作表的复印件，这些工作都可以节省时间。根据你学校的规模、组织结构以及复印设备，以下内容有助于减轻制作负担，并使材料和成果更加优质：

• 在多个教师对同一年级学生讲授同一主题时，在教师之间共享计划和制作材料

• 保持材料及其制作尽可能简单，确保你有精力合理使用它们

• 关注这些资源将产生的你期望的学习成果

• 系统地存储材料，以便将来可以重复使用和改进材料

• 在评价课程时，注意特定资源的影响

• 仔细思考材料的外观，注重设计、图片和留白

• 订购前，请密切注意教室以外的现有库存

技术

信息通信技术在促进学生积极学习方面拥有巨大的潜力。然

而，它只是一种工具，它会激励人，也会使人厌烦；它会激发深刻的学习，也会导致浅显的学习；它会提高教学质量，也会降低质量；它会提供极好的金钱价值，也可能会浪费金钱。发达国家的许多年轻教师都是在使用技术的过程中不断成长，逐渐完全了解其功能、潜力和用途。年龄较大的教师，或接触技术较少的教师，可能会对它所提供的内容及其使用犹豫不决，更不用说将其用作学习工具了。

我在同一所学校观察了若干节效果非常不同的、使用信息技术的课程。以下是我的听课经验总结，两节课通过信息通信技术极大促进了学习，而另外两节课并没有明显效果。

案例分析

课程A。在这节课中，学生们学习自然地理学和地球数百万年的变化本质，特别是地形和断层的影响以及自然灾害发生的可能性。在简要回顾了先前学习和分享学习成果之后，教师播放了一段简短的视频，视频中模拟了世界上的海洋和大陆如何随时间变化，重点强调了变化的速度。视频包含了一些很好的教学技巧，将视觉效果和话语联系起来。但教师并没有完全依赖视频，她在视频中穿插了一些检查理解和促进思考的问题来保证学生在学习。可以看出，教师理解材料，并准备充分，她懂得如何在特定的课上使用材料，以达到最大的学习效果。大约有十分钟的时间用于介绍该活动。

在小组讨论环节，学生们进行了热烈交流。在之前的课堂，学生们的积极性和信心都得到了提高，因此他们能够就各种地理特征的影响和可能的结果提出有见地的意见。小组成员简短地分享了他们的发现之后，开始一些独立工作，这将在接下来的课程中继续探讨。教师召开有效的全体会议，强调了关键术语。如果没有精心挑选的视频和在课堂上的巧妙运用，学生们将很难处理和掌握抽象概念。世界地形变化的可视化和巧妙的提问引起了学生的兴趣，给予他们信心接受挑战。这使得学生们能够在一个良好的基础上进一步学习。

课程B。在本课程中，10岁的孩子们正在研究多位现代艺术家，他们最近还去了一家美术馆。馆长非常热心，向他们介绍了一些艺术家和作品背景。之后，每个学生选定一位艺术家，将进行更详细研究。学生们在平板电脑上制作了一份参观报告，说明他们选择该艺术家的原因以及希望学习哪些方面的知识。在教师的鼓励下，学生们给馆长写了一封感谢信，并附上了他们的参观报告。

学生们的报告写得很出色，结构合理。他们也展示了一些非常熟悉的文字处理和桌面出版技能。教师对结果预期非常明确，希望学生们能够详细说明从参观中学到的知识，以及对所选艺术家的初步研究。她检查学生们的研究进度，并提出深入研究的建议。她非常善于引导学生之间相互交流，认为交流可以让学生从他人的想法中受益。她有时还让全班学生思考优点或新兴的发展点。教师很好地运用信息技术，并擅长为学生提供技术方面的支持。"动手实践"的过程让学生们获益匪浅，对搜索引擎和桌面出版技术的熟练掌握增强了他们完成高质量报告的信心，激起他们极大的兴趣。

课程C。这节课中，小学生正在学习长除法的技巧。该教师与同一年级的其他教师一起参与了教学计划，但似乎没有理解他们所建议的一些方法、基本原理或使用的材料。她选择了商业软件，该软件提供解决长除法问题的一种特殊技术。演示是合乎逻辑的，包括一些有用的图片和数字运动，但学生不熟悉解说者的口音和词语重音。在演示结束时，教师要求学生在练习本上完成必要的加法作业。她一直站在桌子前，当学生们表示他们已经完成作业后，她开始检查作业。

无论采用何种信息技术，该课程的水准不高，学习习得也很少。那些获得正确答案的人做得很快，需要更多的挑战和更多的机会来应用他们的知识。那些不确定答案的人在课程结束时和开始时大多处于同一学习阶段。这些都不能归结为信息通信技术的错误，但它的低可用性意味着教师对课堂需要什么以及信息通信技术是否或如何提高教学的思考不足。在这种情况下，信息通信技术取代了教学，但对学习的积极影响很小。

课程D。这节课中，一位教师给一群学习困难的学生上补习课。教师设计了许多不同的活动，前几个活动是使用信息技术投影到屏幕上。（学生们把一些椅子移到房间墙边）教师通过学生们跟随在线卡通人物朗读一段语调高昂、激励人心的评论导入主题。一些语言对学生来说是新内容，而且一节课活动多，节奏快。教师在屏幕上建模，但没有给学生提供反馈的机会。在这七八分钟的热身活动中，教师很被动。

对于特定学生群体，热身活动是合理的，但是可以由教师更有趣、更相关和更适当的方式指导学生开展活动，而不是仅仅使用计算机。这位教师还应该提供学习需要的反馈机会。在切换软件时，教师解释接下来需要完成更多字母和发音作业。该教师使用的软件制作精美，可以重复很多首字母的发音，产生很好的动态视觉效果。但是，学生完成作业后，语言受到很好的控制，某些词汇还是很陌生。课程以完成软件上的商业工作表而结束。与上一节课一样，信息通信技术并没有真正地增强学习能力。尽管它的初衷是好的，但是却成了有效教学的一个很差的替代品，任课教师没有充分考虑所给材料是否匹配学生的需求。

信息通信技术的有效性不仅取决于资源的质量，而且取决于其与学生的相关性；最重要的是，它必须被视为一种可以支持教学的有潜力的工具。如果教师的目标不明确，那么就不可能有足够的学习。在具有良好教学理解的教师的课堂中，信息通信技术是十分珍贵而有用的工具。我看到幼儿园墙上贴着二维码，孩子们用平板电脑独立学习，这是他们教育经历的一部分。教师们根据孩子们的需要精心准备工作，结果孩子们反应很好，享受他们的独立。

几年前，我访问了印度的一所大而完善的私立学校。令我惊讶的是，小学仅有的一个投影机系统，就设在一个专家室里。其他学校为许多教室配备了信息通信技术资源。我问了校长投影仪设在专家室的原因。她引用了当地的研究，提出经常使用技术会对教学质量产生负面影响，因为教师会在教学计划和教学中过于依赖技术，缺乏创造性。她提出自己的强有力意见。我尊重她的意见，但是我认为她是对技术滥用的判断，而不是对其潜力的判断。

为了使技术能够增强学习效果，需要考虑许多因素：

• 对基本的信息通信技术有能力和信心并且能够获得相关培训和支持（尤其是在使用初期）的教师

• 具备足够的教学能力以了解信息通信技术如何促进课程学习的教师

• 客观分析可能使用的软件的教师

• 可靠的连接性，确保在信息通信技术可用的情况下开展计划课程

• 为教师提供解决信息通信技术问题的技术支持

• 要有一个明确的关于教师使用信息通信技术期望的政策，这一政策必须比仅仅说明预期用途更深入，要确定它将如何改善学生的学习成果

• 明确学生使用信息通信技术的政策，以确保互联网安全

• 确保设备维护和升级的财务计划

• 购买软件之前，请仔细检查

当上述某些因素缺失的时候，技术支持的整体效果会受到影响。我曾经参观过较贫穷国家的一所学校，那里的计算机都没有开箱，因为没有人会使用计算机。人们出于最好的动机来购买并捐赠计算机给这所学校，但对学校的人来说，计算机只是令他们感到尴尬。因此，必须制订长期计划，确保有足够和合适的软件、硬件和教师的知识和技能，才能保证学习工具成为有效的、可利用的资源。技术的潜力是无限的，有远见的人已经将国内外的课程联系起来，使学生可以在本校无法接触到的课程中获得高质量的学习并促进自身进步。信息通信技术还有一个潜在的优势，可以帮助解决专业教学的不足，即校际合作，提供在一所学校教授，

但其他学校也可以进入的链接课程。

翻转课堂

翻转学习的概念通过使用信息通信技术得到了增强。翻转课堂被描述为一种基于混合学习的教学策略，它逆转了传统的教学方法。学生在课外完成作业，教师在课堂上以促进学习的方式授课。它们由几位对传统教学方法不满意的科学教师开发而成，制作了一些视频，要求学生在上课之前观看。在课程中，学生能够形成自己的想法和扩展知识，他们已经完全理解教过的内容或开始关注困难问题。教师的角色明显向导师或推动者角色转变。

翻转课堂将学生置于中心位置。学生不仅要承担独立学习的责任，而且要被鼓励反思理解水平以及需要改进的地方。美国可汗学院是翻转课堂的范例。[①]

翻转课堂的优势是：

- 以学生为中心
- 增强学生的责任心
- 支持差异化教学投入
- 学习时间灵活
- 增加师生和生生之间的互动机会，有利于提高交流能力
- 有助于学习者元认知能力发展

翻转课堂的劣势是，如果使用频率过高，会影响学习效果；

---

① 参见https://www.edutopia.org/video/salman-khan-liberating-classroom-creativity-big-thinkers-series.

翻转课堂准备时间较长；并非所有学生都掌握必需的信息通信技术；有些学生缺乏自主学习能力或决心，教师组织课堂的难度增加。此外，有人建议年轻人应该减少花在电脑前的时间。

自带设备

越来越多的学校看到了学生经常接触科技的好处，并鼓励他们把合适的科技设备带到学校，这通常被称为自带设备。另一些学校则极力反对这种做法。下表列出了自带设备的主要优点和缺点。

表11-1　自带设备的优缺点

自带设备的优点	自带设备的缺点
学生培养独立学习技能	学生会不恰当地使用科技产品，尤其是手机和短信
学生培养研究技能	技术丢失、损坏或被盗会引起一些问题
学生们为毕业后的生活做更好的准备	教师会因所产生的灵活性和失控感而感到不舒服
补充学校资源，增加个人信息通信技术的使用	由于某些学生不能自带设备，不平等现象会加剧
学生们被信息通信技术的使用激励	会成为最新技术"秀"，学生们互相攀比

除了有关公平的最后两点之外，我觉得优点远远大于缺点，但我尊重这样一个事实，即各学校背景不同和发展阶段不同。学生行为不当是重大问题，所以学校禁止自带设备不仅可以理解，而且是必要的。这就引出了关于教学方法的更为根本的问题。

为了创造最好的学习环境，信息通信技术很有可能成为一种重要的、有影响力的资源，但成功与否主要取决于教师如何使用该资源。（这一点在学校应对新型冠状病毒疫情的反应中表现得很明显，学生在家在线学习的质量存在很大差异）最近，我用学校提供的平板电脑观察一堂课。课上，中学生在课程某一阶段使用平板电脑，查阅与罗马神相关的各种希腊神。本课程结构合理，学生通过快速有效的研究，迅速找到了所需的内容。它创造了有效的独立学习、小组学习以及一种兴奋感。我还观察了另一堂课，在线教幼儿在家中进行下沉和漂浮实验。这两堂课的教师都有明确的教学计划，并利用信息通信技术来完成目标。

软件和硬件都在不断进步和革新，其内容超出了本书的范围。有特殊教育需要的学生，会非常受益于信息通信设备，如访问开关、语音合成器、盲文到打印转换器以及专门开发特殊技能的设备。在演示实验中，可视化工具可以投射一些小细节，有助于学生集中精力，清楚地看到正在发生的事情。在设计和技术方面，物体和建筑物的三维可视化软件是学习的好帮手。在许多学科中，让学生扮演需要解决问题的人的角色，从而以一种愉快的方式开展深入学习。例如，学生扮演埃及农民在尼罗河泛滥的平原上种植棉花，他们决定种植、收获和出售作物的时间。

金钱价值

在一本关于教师和未来教师的书中，包含讨论金钱价值的内容，这似乎有些奇怪，这些内容更容易与学校领导和管理者联系起来。在整个体系的各个层面，我们都需要确保资源得到有效利用，采购得到妥善落实。在日常生活中，我们大多数人都按照一系列标准购买物品，这些标准包括需求、欲望、乐趣和地位。我们有意识或无意识地做出这些决定。

明确的选择学习资源的标准非常重要。标准应以对学生学习的潜在影响为起点和终点。在早期版本的英国教育督导制度中，学校在多大程度上提供物有所值的资源是判断的标准。以任何客观的方式来确定这一点并不容易，虽然制度的初衷是好的，但最终被放弃了。很难在单一的行动和它对学习的影响之间找到因果关系，但是有一点是必要的，尤其是在资源稀缺的情况下，必须以正确的理由购买资源，提高学生的学习成效。图书馆购买新书籍后，只有在学生阅读书籍时才会对学习产生影响。

哈蒂（2012）的研究表明，金钱本身对学生成果的影响较小（效应量0.23）。这研究结果可能令人惊讶，需要从更广的角度去看待影响而不是仅限考虑成本。一位资源匮乏的优秀教师仍然可能会教得很好；一个拥有丰富资源的教学能力差的教师仍然不可能很好地教学。如何使用金钱和资源极为重要。

在资源获取方面，教师和学校必须认真考虑预期的结果，这一点很重要。如果一位教师正在投资购买小说，准备开设班级图书馆，那么预期的结果是：

- 书籍经常使用
- 学生阅读更多书籍
- 所有学生都在阅读更多书籍
- 学生喜欢阅读
- 提高学生的阅读准确性和理解能力
- 学生更多地谈论书籍

用软性措施和硬性措施结合的方法来决定购买是否成功及购

买的商品物有所值。这不仅是一个数值，而且是关键影响的总和。花费最少而且影响越大，那么就是物有所值！如果一所学校在图书馆上投入了巨资，但是大多数书籍保持全新，那么这些书籍就是物未尽所值。当然，如果图书馆购书目的是打动家长，让他们选择这所学校的话，就是例外情况了。

精心挑选的资源使课程有趣、愉快并增加了多样性。优秀教师能够利用书籍提高学习成果。

◉ 注意事项

资源可以使课程生动，并吸引和激励学生学习。对许多学习者来说，仅依靠教师作为唯一资源的课程并不适合或缺乏刺激性。视觉和触觉资源补充了口语媒介，促进学习。在许多好的课程中，教师会充分利用精选的资源。资源是商业产品，但是教师会仔细思考如何使资源与他的学生更相关，如何在课堂上充分利用资源。资源包括自制资源，是根据某些或所有学生的确切需求而产生；资源还包括视频或其他信息通信技术产品，帮助提供其他方式无法提供的信息。

高效能教师会仔细考虑资源如何促进学生的学习。资源本身具有潜力；教师对如何使用资源促进学习的不同理解是造成效果差异的原因。最后一章将关注如何努力成为最好的教师，并帮助他人成为好教师。

活动

你如何通过丰富课堂资源来吸引学生并发展他们的学习？

补充书目

Alvarez, B. (2011). "Flipping the classroom: Homework in class, lessons at home". Education Digest: Essential Readings Condensed For Quick Review, 77 (8): 18–21.

Mo, Jun, Mao, Chunmei (2017). "An Empirical Study on the Effectiveness of College English Reading Classroom Teaching in the Flipped Classroom Paradigm". Revista de la Facultad de Ingeniería U.C.V. 32: 632–639.

Piaget-available, https://www.simplypsychology.org/piaget.html.

Flipped classrooms available at: https://www.learning-theories.com/flipped-classrooms.html.

https://www.heacademy.ac.uk/knowledge-hub/flipped-learning-0.

第十二章　成为最好的教师

> "伟人的生平告诉我们:
> 我们能够高尚地生活;
> 当告别人世的时候,
> 能够在时间的沙滩上留下足迹。"
>
> ——威廉·朗费罗《人生颂》

本章纲要

最后一章是关于如何成为最好的教师,以及如何帮助他人成为最好的教师。本章将阐述教师如何成为反思型教师,以及影响学生成绩的因素。借鉴本书所引用的研究结果,教师如何采取简单而有效的措施来提高教学质量,获得更高的工作满意度。本章专设一节探讨教师如何实现自身的专业发展。专业人士的定义,教师如何达到工作与生活的平衡,以及情商在课堂上的重要性。

预期收获

读者将:

• 思考专业人士的定义

- 评价教学质量
- 决定提高课堂学习质量的方法
- 制定策略以提高自身的专业表现
- 给予幸福和工作与生活的平衡应有的关注
- 培养反思能力
- 思考如何保持健康的工作生活平衡

引言

已有的研究清楚地表明，教师对学生的学习成绩有重大影响。在学校范围内，教师的行为对学生人生中的机遇影响最大。现在，我们比以往任何时候都更加认识到学生的学习方法以及教师的教学质量对他们的学习机会的影响。目前，关于教学的研究数量可观，但是对课堂影响的研究还远远不够（许多研究都"奇怪地"与西方的、受过教育的、工业化的、富裕的和民主的社会有联系；参见Raworth，2017）。

教师可以通过发展技能来提高影响力。有些教师会得到支持和鼓励，但另一些教师的发展缺少先例，也得不到领导层的支持。作为专业人士，我们有责任力尽所能，用必要的技能、知识和理解武装自己，最大限度地为所有学生提供学习机会。

认知误区：教师是天生的，不是培养出来的。

教师专业化

在一些国家一直有这样的讨论：教师是否应该像医生或律师

一样被视为一种专业化的职业。实际上，教师职业具有专业的核心要素——让他人获益。尽管教师群体的数量远远超过许多专业团体，但它具有专业人士的重要特征。比如：

- 接受广泛的初级专业培训并获得专业资格
- 把"客户"需求放在第一位
- 遵循预期的指导原则
- 共享知识
- 团队工作
- 为自身的行为负责

然而，在许多人看来，成为一名专业人士离不开有组织地自我监督，而自我监督在世界上大多数国家的教育中都是缺失的。教师们表示更关心、保护教师的权利，而不是监督教师工作质量。在我看来，教师们是值得信赖的社会成员，为社会承担宝贵的工作。教师是专业人士，无论按照官方或非官方的规定，他们都应遵守道德行为准则。我认为，专业人士能够做到最好，发挥极致。这需要做到以下几点：

- 追求高标准并尽可能地教授最好的课程
- 积极主动，为学生的学习成果负责，虽然在某些情况下很困难
- 自我评价和自我理解
- 不断学习和发展知识
- 寻求并欢迎他人的反馈
- 以学生为中心
- 与同事、学生和家长建立良好关系
- 共享知识并支持同事

• 着眼于教育全局，将反思延伸到教师负责的课程之外

成为一名专业人士不仅需要行动，更需要态度。如果教师认为自己的工作就像以前一样每年教授固定的课程，而不需要反思自己的成功，那么她就缺乏专业精神。作为病人，如果医生缺乏当前的药物和治疗的知识，只开药而不考虑药物的影响，我们会非常不满；作为教师，我们是学习行业的榜样，应该自我反思并对学生有尽可能高的期望。值得一提的是，海蒂的研究和他提出的高期望的重要性——如果我们对他人有非常高的期望但对自己没有，那肯定是虚伪的！如果我们对为之付出责任的人缺乏期望，那么我们就是不专业的。

反思型实践者

"反思型实践最简单的形式就是思考或反思你的工作。它与从经验中学习的概念紧密相关，这意味着你要思考自己所做的工作和已经发生的事情，并决定下一次你的不同的实践。"[①]

我们会不时地反思在生活中发生在自己或他人身上的事情。在职场，我们需要以一种系统和可操作的方式来反思。教师们忙忙碌碌，课时量大，很少停下来休息，让智力、身体或精神持续更新或反思。但是，我们必须反思教学效果以及课堂教学的过程。反思需要有意识地进行，就像大多数好习惯一样，一旦形成，就会有多种好处。

教学是一项非常复杂的、多方面的技能，而且没有人会觉得

① 参见 https://www.skillsyouneed.com/ps/reflective-practice.html.

自己已经完全掌握了这项技能。尽管成为反思型实践者是一个令人生畏的想法，但却是教师职业中最令人振奋和令人兴奋的事情之一。定期记录你的想法，或与同事讨论一堂课，可以帮助你追踪教学进展，并为下一步行动做出明智的决定。认识到这一点可以减轻工作的孤立感、压力感和竞争感。当你努力跨越一步，而不是追求苛刻且无法实现的完美时，目标就会变得简单。[①]

反思是一项可以学习的技能，也是成为有效专业人士的核心要素之一。库伯等人（1984）提出的学习模式强调采取行动、运用知识，然后根据具体经验进行反思和修正。第一阶段，教师计划课程，然后授课，也即库伯所谓的"具体经验"。他认为，每个人有不同的学习方式，使用一份自我管理的调查问卷有助于读者确定自己喜欢的学习方式。

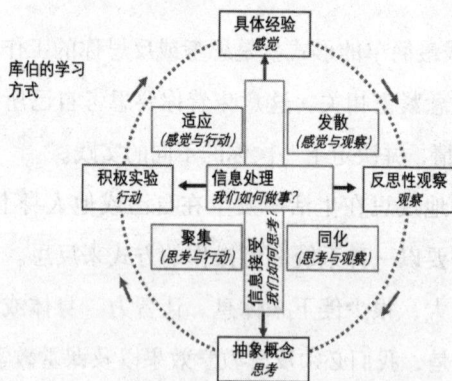

图12-1　库伯的学习圈理论

图片来源：https://www.learning-styles-online.com/inventory.

---

① 参见 https://www.theguardian.com/teacher-network/teacher-blog/2018/feb/10/the-art-of-reflection-how-to-become-a-more-thoughtful-educator.

库伯把学习者分为以下几类：

发散型学习者——倾向于从不同的角度看问题，而且很敏感。

同化型学习者——喜欢简洁、有逻辑的方法，对理论和概念更感兴趣。

聚集型学习者——喜欢通过学习找到实际问题的解决方案并喜欢技术任务

适应型学习者——喜欢"动手实践"，依靠直觉而不是采取实用的、经验的方法

还有其他可替代库伯模型的方法。例如，麦克锡的"4Mat模式"学习风格类型：

- 想象型学习，重点在于个人的理解
- 分析型学习，通过事实和信息加深学习者的理解
- 常识型学习，通过实践了解事物在实际中如何运行
- 活力型学习，以个人发现为学习动力

（更多案例与细节参见 https://aboutlearning.com/about-us/4mat-overview）

在课堂上，机智的教师会回顾和反思他们的教学及其影响，并不断修改，而高效的教师几乎会自觉地这样做。特米哈伊（2002）将其定义为教师在此过程中磨炼了技能，并且在潜意识中实行这些技能。当我们做出改变时，我们非常清楚自己在做什么，直至习惯内化。就像开车一样，当你学开车时，你是有意识地在进行一系列活动，随着时间的推移，这些动作逐渐内化了。

形成性评价对于有意义的反思过程至关重要。完成一堂课后，教师反思发生了什么（抽象的概念化），以及他们根据经验可以在下一轮教学中尝试进行修改的内容。反思型教师关心的是，作为

一名专业人士，他们可以采取哪些方法增加课堂的优点，以及他们可以在哪些方面做出改变。形成性评价包括对教师自身表现的反思。如果一些学生学习不好，反思型教师会思考发生这种情况的原因，以及如何避免问题的重复发生。

最佳的反思时间是在计划下一阶段的学习时，或者有可能的话，上完课后立即进行！如上一章所述，教学计划可以成为一项行政要求，或发展有效教学的主要组成部分。对我来说，反思不是为别人记录想法，而是为自己思考。阿吉里斯和熊恩（1978）的双循环学习理论将这种方法推向了更深层次。

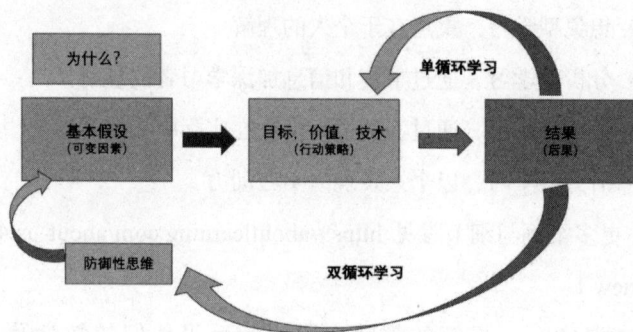

图12-2　双循环学习

图片来源：www.infed.org/mobi/chris-argyris-theories-of-action-double-loop-learning-and-organizational-learning）.

双循环学习背后的理论是，个人已经建立基于基本假设的思维模式。如果要进行真正的反思、学习和变革，主体就必须挑战这些思维模式。教师存在的许多先入为主的观念：

• 你能对这些家庭中的孩子们有什么期望？

• 他从不努力

- 他只是不喜欢我这门课

- 他们对学习不感兴趣

- 他们在午饭后无法集中精力

尽管这些观念有些道理，但是，它们都免除了教师在学习过程中的大部分责任。采用双循环学习的反思型教师会思考问题为什么会发生，怎么解决问题，而不是接受已经存在的状况，或孤立地解决问题。他们会审视在过程中自己所扮演的角色。

成为反思型教师可以提高教学技能。汤普森（2015）提出了六个学习步骤：

1.读——阅读你正在学习或想要学习和发展的主题

2.问——询问其他人怎么做以及原因

3.看——观察你周围发生了什么

4.感觉——注意自己的情绪、产生的原因以及对待消极情绪的方法

5.交谈——与同事分享你的观点和经验

6.思考——学会珍惜思考工作的时间

（更多信息参见https://www.skillsyouneed.com/ps/reflective-practice.html）

反思型实践鼓励我们探索自己的信念和假设，并找到解决问题的方法。之后，我们将看到同行如何支持这个过程。

有效教学的框架

许多研究人员和学者已经列出了一些有用的表格，说明教师需要做些什么来提高教学效果。有些人专注行为；有一些人关注

性格、性情和行为；有些还附上道德规范。在许多国家，这些标准已发展成为国家标准，用以指导教师，支持对教师进行最初和整个职业生涯的培训，还有任用、晋升和问责目的。它们通常是在广泛咨询后形成的详细而复杂的文档。这会让专业人士望而生畏，因为他们每天都必须符合这些标准。

试图将一个复杂的过程总结为易于理解和简化的形式是相当危险的，正如谢林顿（2016）所描述的教学中的魔豆①。正确的表格可以提供信息，且有助于思考教学过程。但是，它们也有局限性，正如我提到的数字绘画方法，其中错误的假设是，如果遵循规定的公式，成功就会如期而至。

有很多文章都是关于专家教学的实践可以复制。然而，这些文章在实用性方面受到限制。原因有二：一是人们只关注结果，却忽视与结果密切相关的复杂互动，这些互动包括教师日常工作的方方面面。二是人们对构成有效教学的基础的理解不同。环境很重要。

哈蒂（2012）发现，教师能产生显著的积极影响，如果他们：

- 热衷于帮助学生学习
- 与学生建立良好关系
- 清楚自己对学生学习的期望
- 采用循证教学策略
- 关注自己对学生学习的影响，并调整方法
- 积极寻求改进教学

---

① 参见 https://teacherhead.com/2016/01/10/principles-of-effective-teaching.

• 获得学生信任（哈蒂，2016）[①]

哈蒂还强调了教师可信度的重要性。在前面的许多章节中，我们已经探讨了教学方法论因素，除此之外，教师的人文素养同样重要。关于学生对教师可信度的判断，有三个核心方面很重要：

1. 信任关系
2. 能力
3. 热情

在介绍情商的重要性之前，我们先简单谈一下"热情"。有些教师对学习、学科和他们的学生都充满热情，学生们也因此获得了成功的信心。缺乏兴奋就是缺乏活力。利普金和拉斯卡里斯（1996）表示："我们不是因为成功而兴奋，而是因为兴奋而成功。"

情商

哈蒂对可信度组成部分的阐释把我们带入了教学的艺术而非仅仅是技术。情商通常被认为是中高层领导能力发展的一方面。戈尔曼（1995和2002）被认为是这一主题的重要专家之一。他认为，要有效地开展领导工作，情商比智商更重要。我一直认为教师在课堂上是领导者，并且相信戈尔曼的部分研究结果与所有教师都息息相关，尤其是在自我理解方面。只有当我们意识到自己给他人留下的印象时，我们才会与他人建立有意义的关系。发展有效人际关系是有效课堂教学的核心。

情商是由萨洛维和梅耶（1990）提出的心理学理论，其定义

[①]　http://www.evidence based teaching.org.au/hattie-his-high-impact-strategies.

为："感知情绪、获取和产生情绪以辅助思维、理解情绪和情绪知识、反思性地调节情绪以促进情绪和智力增长的能力。"戈尔曼（1995和2002）将以下内容视为情商的关键组成部分和步骤：

- 自我意识
- 自我调节
- 内在驱动力
- 同理心
- 社交技能

戈尔曼的方法呈现出情商的诸多好处，如图12-3所示。

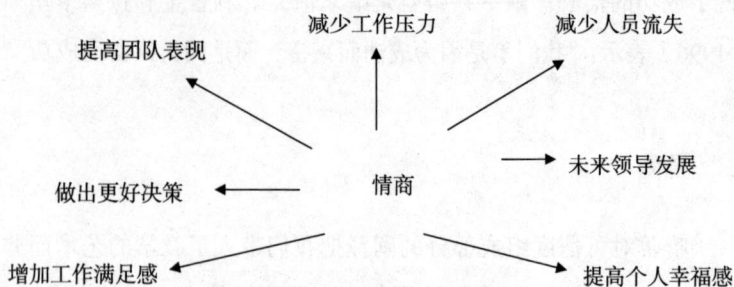

图12-3 情商

情商是自我意识的起点，是一种自我管理的能力（第二章介绍了显示情商象限的图表）。一位不了解自己行为的教师将无法评估自己的表现，更不用说应对可能出现的变化。在他人指出某项行为的情况下，如果行为所有者没有完全将其视为自己的一部分，则做出更改的承诺将会减少。管理自己的行为可以增强能力，将行为从潜意识转移到意识层次。做出改变需要时间和支持。

情商的第三阶段与社会意识和对他人的看法相关。他人的生活经历往往与我们的生活经历截然不同。自认为和蔼可亲、乐于助人的教师，可能会被别人视为温柔却易受影响的人。同样，一个以严格为傲的教师可能会被视为强硬和易发火的人。如果要影响别人的行为，我们需要知道别人是如何评价我们的。

关系管理的最后一阶段取决于前三个象限中的经验。有效学习的前提是教师在课堂上管理好人际关系，这就需要教师在管理人际关系中发挥主导作用。如果教师想要建立有利于学习的有效关系，他首先必须了解自己，有效地管理自己的行为，并了解学生和学生对自己行为和动机的看法。大多数情况下，这主要通过影响力而发展关系。但是，基德等人（2003）提出，一个团队要想发展成一个高效的团队，就需要冲突管理甚至产生冲突。

如果个人没有意识到自己在人际交往和社会中所扮演的角色，那么他们就不可能知道自己的优势和需要改进的地方。反思你在教室内外的表现，并让一位值得信任的同事为你提供诚实反馈，将很有帮助。

活动

该表格可以在较短时间内完成。最好不要在语言表达上花费太多时间，只要用你最初的想法回答。你可能会在一些空格中留白，因为你不相信自己具有哪些发展领域的优势。找一位同事独立完成表格，然后和他分享发现。如果存在不同的观点，请讨论这些观点的证据基础，看看是否可以达成一致；如果不能，你可以请其他人参与讨论。建立自己的优势，并决定是否要致力于改善某个特定领域，如何做到这一点以及谁会支持或挑战你。

表12-1　表格——你的情绪控制力

方面	优势	发展领域	证据基础
在课堂上控制自己的情绪			
控制音量			
如果学生学习没有达到预期，挫败感的程度			
愿意向学生重新解释学习要点			
享受和学生在一起的过程			
相信通过正确教学，所有学生都可以学有所获			
相信学生可以达到你对他们的期望			
让学生从你的教学中受益			
明天你会成为一个比今天更好的教师			

专家教师

　　研究试图找出高质量教学的原因，并已在专家或教学优秀教师的组织下汇编。我总是心生疑惑地看待这些影响因素列表。如果列表很长，它似乎令人生畏，普通教师几乎无法企及！如果清单紧凑，那么可能会吸引教师细读，并说服自己也可以将所有事情做得很好！许多行为看起来很简单，但在不同的情况下，它们的表现却千差万别。我挑选了一些研究材料，其中包括不言而喻的正确内容，和引领教学成功学习所需的最重要因素。

　　哈蒂（2012和2016）引用了之前关于专家教师在五个简洁但广泛的方面所做的研究结果。专家教师：

- 确定代表他们所教课程的最重要的方法
- 擅长为学习创造最佳的课堂环境

- 监督学习，提供反馈
- 相信所有学生可以达到成功的标准
- 影响学生表层和深层的学习成果

但是，我想问教师们如何具备这些能力？例如，学习环境中的最佳氛围是什么？由谁决定？学校里所有的课堂环境都一样吗？有没有对所有课程有效的教学方法？教师如何监督学习并提供反馈？师生之间关系怎么样？艾莉森和塔比（2015）以图表的方式提供了专业知识的另一种版本。

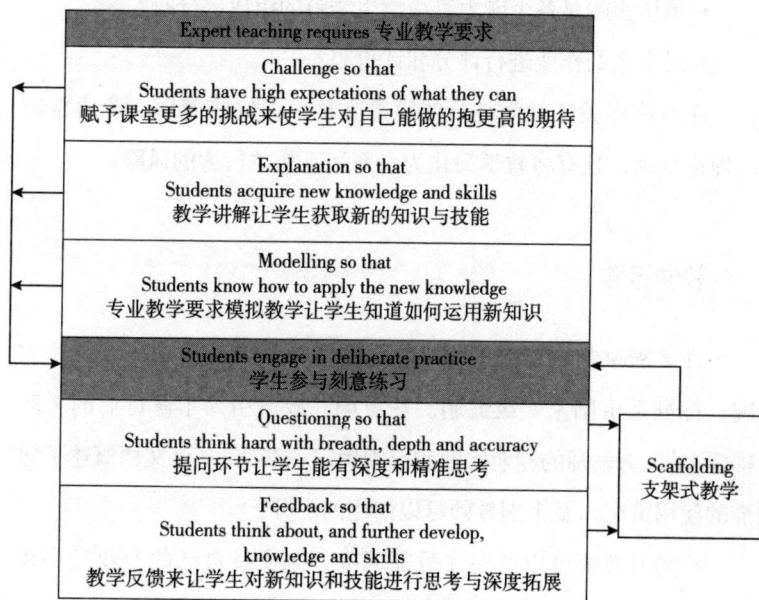

图12-4 专业知识教育

Ko等（2014）在关于有效教学的研究中，列出一份教师自我评价的清单。

作为学科教师，我做到：

- 对所教的科目拥有详尽的、最新知识吗？

- 既当教师又当学生，保持对课程的热情吗？

- 明确我对学生的期望并提高他们的期望吗？

- 备课和单元练习能确保学习的连续性吗？

- 激发学生的兴趣、智力或创造力吗？

- 明确在课程中所要学习的内容吗？

- 鼓励学生探索和批判吗？

- 利用提问来探究和扩展学生的思维能力吗？

- 给学生足够时间反思吗？

- 承认实践是各个能力等级学生学习的组成部分吗？

- 对学生的作业进行评分和评价吗？

还有许多关于教学技巧的简短文章，但这些简短文章通常缺乏理论基础，且有将教学简化为一系列不相关行为的风险。

教学标准

许多国家制定了教学标准，以明确对教师的要求。在一些大国，标准是由国家一级编制。在英国，政府引入了修订后的《教师标准》，为教师的专业实践和行为确定了基准。[①]该文档概述了标准的使用情况，及个别教师可以使用的部分：

- 实习教师可以使用《教师标准》来支持自己的专业发展和成长

- 个别教师可以使用《教学标准》来回顾他们的实践并为自己持续的专业发展制订计划

---

① 更多信息，参见 https://www.gov.uk/government/collections/teachers-standards.

• 世界上最成功的教育体系以高水平的课堂观察为特征。教师们在教室里观察彼此的课堂，从而受益匪浅。观察和被观察教学，以及有机会与其他教师一起计划、准备、反思和教学，都能帮助提高教学质量

• 许多教师热衷于通过听取同事的教学反馈和观察他人的实践来改进教学

《教师标准》第14条描述了"如何设计标准来制定基本框架。所有教师都应该在该框架内从初级资格开始评定。适当的自我评价、反思和专业发展活动是提高教师职业生涯各阶段实践水平的关键"。该标准明确规定教师应在关键领域评价自己的实践，并获得同事的反馈意见。随着职业的发展，教师应该在满足标准时展现知识、技能和理解的深度和广度，与他们的角色和工作环境相适应。

标准分为以下若干方面，每方面又包含五项内容：

• 设定高期望，以激励和挑战学生（包括提供安全和刺激的环境，为学生设定具有挑战性的目标，始终如一地塑造积极的行为）

• 促进学生的成长和进步（包括对学生学业负责，了解学生的能力和已经掌握的知识，引导学生反思自己的学习和需求，将教学方法与学生需求联系起来，鼓励学生采用有效学习方法）

• 展示良好的学科和课程知识（包括学科知识，学科教学的发展，促进高水平的读写能力和口语能力）

• 计划并教授结构合理的课程（充分利用上课时间，提高学生的兴趣，布置有意义的作业，反思自己的教学效果，并为学习课程做出贡献）

• 调整教学以适应所有学生的长处和需求（包括使用差异化教

学，了解学生面临困难的原因以及解决困难的方法，了解儿童发展知识以及将教学与学生的发展阶段相匹配，理解学生群体的需求以及如何最好地满足需求）

• 准确有效地利用评价（包括如何评价，使用形成性和总结性评价，使用数据监控学生进步并设定目标，以及定期向学生提供有建设性的反馈）

• 有效地管理行为，确保良好和安全的学习环境（包括行为管理、期望、课堂管理以及与学生的关系）

• 履行更广泛的专业职责（包括学校生活、工作关系、调配支援人员、专业发展及与家长沟通等）

第二部分讨论教师的期望行为。没有人会把特征或行为归类在同一个标题下，但很少有人会对宽泛的内容提出异议。教学是艺术和科学的结合，如何把这些元素融合在一起至关重要。根据班级性质、学生年龄和他们需求，有些内容会比其他内容更重要。在我看来，将大量的教学技能、知识和性情进行分割，对于寻求教学质量的分级毫无帮助，但可以作为一种非常有用的框架，进行自我评价、反馈和对教学过程进行反思。

为了便于比较，简要地分享另一组澳大利亚教学标准：

1.了解学生及其学习方式

• 学生的身体、社会和智力发展及特点

• 学生的学习方法

• 具有不同语言、文化、宗教和社会经济背景的学生

• 土著和托雷斯海峡岛学生的教学策略

• 差异化教学可以满足各种能力学生的学习需求

• 支持残疾学生全面参与的策略

2. 了解内容及教学方法

- 教学内容与教学策略

- 内容选择和组织

- 课程、评价和报告

- 了解并尊重土著和托雷斯海峡岛民，以促进土著和非土著澳大利亚人之间的和解

- 读写与算术策略

- 信息通信技术

3. 计划和实施有效教学

- 制定有挑战性的学习目标

- 计划、组织和安排学习项目

- 使用教学策略

- 选择和使用资源

- 进行有效的课堂交流

- 评价和改进教学计划

- 让家长或照顾者参与教育过程

4. 创建并维护支持性和安全的学习环境

- 支持学生参与

- 管理课堂活动

- 管理挑战性行为

- 维护学生安全

- 安全、负责和合乎道德地使用信息通信技术

5. 对学生的学习情况进行评价、反馈和报告

- 评价学生学习

- 对学生的学习情况提供反馈

- 做出一致性且可比较的判断

- 解释学生数据

- 报告学生成绩

6.从事专业学习

- 确定并计划专业学习需求

- 从事专业学习和提高教学能力

- 与同事交流，提高教学能力

- 应用专业知识，促进学生学习

7.与同事、父母或照顾者和社区进行专业合作

- 遵守职业道德和责任

- 遵守法律、行政要求和组织要求

- 与父母或照顾者合作

- 与专业教学网络和更广泛的社区合作

一张简单的表格

我惴惴不安地写了一张简单表格，作为教师反思自己教学的参照。这张表格借鉴了有效学习的最基本的教学领域知识。教师可以通过本章或本书前几章中提到的研究或标准获得更详细的信息，进行教学改进。

表12-2　评价教学效果推动有效教学的自测清单

方面	量表			
	最高	高	中	低
在课上，学生们都在专心学习				

（续表）

方面	量表			
	最高　高　　中　　　低			
课程设计很好，满足所有学生的需要，并促进学习				
学生明白学习内容以及学习效果				
学生有许多独立学习和合作学习的机会，也有许多参与解决问题的机会				
对学生有很高的期望，并定期向他们提供建设性的反馈				
课程在结构、风格和内容方面多样化				
学生善于利用时间，学习顺利				

仅仅通过完成表格来反思教学，这样的效果并不明显。一位反思型教师，在获得信息后，会积极主动地寻求改进方法。我们之后讨论专业发展，尤其强调教师驱动。

专业发展

持续性专业发展在教育界的声誉并不高。与许多公司相比，学校对研究人员和教师发展的重视程度较低，投入资源较少。在分配专业发展资源的单位中，专业发展的影响往往很低。乔伊斯和肖沃斯（2003）认为教师专业发展的模式存在很大缺陷，因为即使课程是相关的而且十分优秀，大多数情况下，现实情况是，课程只能对教学产生有限的影响。麦肯锡集团（2018）的一项研究"打破教师专业发展无效的习惯"列举了教师专业发展中的一些失败案例。他们强调教师发展的重要性、价值以及以下需求：

- 将专业发展项目建立在有效教学的愿景上
- 对教师进行细分并有策略地讲授专业发展（即不要期望学校所有教师都有相同的需求，从而拥有相同的专业发展经验）
- 让"教练"（coaching）成为专业发展的核心
- 从推动到拉动（教师发扬主人翁精神）
- 提供切实有效的专业发展

从教师的角度来看这些建议特别有趣。教师发展的重点应该放在核心角色教师身上，清楚地了解有效教学的定义以及发展有效教学的方法。

活动

在你的学校中，对于有效教学的构成和实现方法有明确的描述或政策吗？如果有明确的政策，你是否希望发生一些变化？如果没有明确的政策，你将如何介绍政策？

人们日益认识到，持续性专业发展需要更多地关注教师的需求，更多地强调教师对课程改革的拉动而不是推动作用。

持续性专业发展的承诺和框架将由学校领导制定。在一些学校，持续专业发展是优先考虑的项目；在另一些学校，它可能只是外围的或象征性的框架。在一些学校，它是学校改革的中心和文化的组成部分；在另一些学校，它是为满足强制性要求而进行的一个事件或一系列事件，而不是一个持续过程。在一些学校，绩效管理（或评价）是学校生活的核心组成部分，也是开启专业发展机会的关键；在另一些学校，这是一种提高工资的手段，或是与教师的日常生活无关的官僚行为。

无论情况如何，每位教师都可以在学校领导的支持下，或不需要学校领导的支持，探索自我发展的可能性。下一节将重点介绍四种具体的教师专业发展的方法。

参加课程

参加一个短期课程对教师非常有帮助，特别是当课程涉及具体的教学因素，并与参与者相关的时候。课程的改革和具体技能培养就是此类课程可以发挥的作用。然而，许多研究指出"通过参加缺少外部支持的课程，提高绩效和实现可持续变化手段的有效性越来越不确定"（Swafford, 1998；Rhodes & Houghton-Hill, 2000）。

沃克和斯托德（2000）的一篇有趣文章中，将在体育运动中通过违禁物品，直接提高成绩，获得的短期收益、长期损害和可持续性进行了比较，还与学校中一些短期专业发展课程的本质进行了比较。两者的副作用和长期影响都值得怀疑。作者认为，在教练指导下的训练更具可持续性，并将产生持久影响。

很少有短期课程的内容与学校的特定需求完全匹配。在更广泛的概念范围或改革的背景下，如果只有一位教师出席并参加听课，影响通常较小。在有多名教师参加培训的情况下，在长期课程正式投入之前加上校本因素，会在学校一级产生更大的影响。就费用和教师时间的投入而言，短期课程相对费用少且占用教师时间较少，因此更多的教师会去参加短期课程。教师可以寻找短期课程机会，但必须是能带来积极影响的短期课程。正如麦肯锡的研究所指出的，在选择专业发展机会时应考虑到影响力的因素。

同行听课

在学校里，每天都有许多教学案例，教师有许多学习机会。教室通常是一个封闭的场所，我们很少有机会看到别人教室发生了什么。对教师来讲，观察其他教师如何教同一批学生非常有帮助。很多时候，我们不必被基于学科的方法所束缚，大多数教学法并不是由所教学科来决定的。

同行听课有以下几种方式：

- 同行听你的课
- 你听同行的课
- 同行互相听课

课例研究

我们越来越习惯被听课。但是在许多学校中，被听课仍被视为需要忍受而不是受欢迎的行为。在大多数情况下，听课者是权威，他们根据观察结果做出评价。很大程度上，教师对听课的反应取决于学校所营造的氛围，以及学校是否形成了一种有利于学习和提高教学的文化氛围。听课氛围好的学校可称之为学习型学校。虽然情况通常并非如此，但我们期望，听课者在教学、课堂观察和引导反馈对话方面有更强的能力。需要从多种互动和潜在的方面来观察和理解一节课，影响教师教学活动的因素是极其复杂的。同行听课原因不一，但是唯一的目的是促进专业发展。同行听课在以下情况下最有效：

- 双方都有意愿参与该过程（强迫的同行听课不但没有成效，

还会适得其反）

- 教师与听课者之间相互尊重
- 双方交流是开放的
- 上课之前就听课的重点达成一致
- 上课后，有机会讨论观察结果

当两位教师或三位教师一起工作时，同行听课尤其有效，因为他们既是听课者，也是被听者。如果关系密切，且互相信任，那么听课过程就很有成效。这种互动不涉及对整体、业绩、薪酬或晋升的评判，只关注专业发展。由高级教师监督教学过程会受益匪浅，但需要让参与者一起谈论细节。同行听课可以作为学校策略的一部分，也可以在个别教师的建议下进行。培养教师的听课能力不仅有利于观察他人，也有利于反思教师自己的课堂表现。

当教师致力于观察课堂的过程并能发现课堂优点时，同行听课是最有效的。虽然正式安排听课时间表可以保证过程发生，但不能确保有效的结果。一些学校试图通过增加竞争优势来推行听课制度，即在学校的某些地方观察课堂，并根据教师投票表决进入决赛。事实上，这样的做法极大影响了听课价值。因为入围者必须在一群同行面前上课，课堂搬到了大厅。互动是教学方法的核心。当学生在一个远离资源和合适的学习空间中学习时，这种互动性就消失了。课程录像成为定期展示优秀课堂的稀释版本。

案例分析

在我工作过的一所学校，校领导和许多教师对同行听课给予了大力支持。在学校的一些部门里，同行听课迅速成为一种既定的工作方式。同行听课在教师中不断普及，问题也通常在尚未引起学校领导的关注之前就解决了。在学校的另一些部门里，尽管领导大力鼓励，但并未取得成功。这些部门的教师以学科为基础，通常比其他部门的同行拥有更丰富的经验。他们的主导文化是由许多文化因素决定的服务时间和地位的价值。在这种情况下，很少有人愿意与另一个可能被视为地位不平等的人和可能发表批评意见的人合作，尽管是在私下进行。

讨论准备过程中收集证据，对同行评价很有帮助。以证据为基础的讨论是最科学的。下图是同行听课记录表的基本格式。同行听课的核心是找到被听课教师有价值的重点，并且听课者可以关注这一重点。反馈可以是精确的、真实的、不受形式限制的评分。

教师的时间是最宝贵的资源，绝不能浪费。同行听课需要时间，如果听课有价值的话，还需要一个积极的结果。如果被视为一种强制或被误解行为，则会成为我曾经听说的"教育旅游"。

表12-3　同行听课记录表

教师	听课者
班级	日期和时间
课程名	学生人数
听课重点	

（续表）

教师	听课者
需要寻找的具体证据	
观察证据	
优点	
讨论部分	

课例研究

课例研究在第二章中有所介绍，并被教师发展信托基金定义为"一种由教师主导的日本研究模式。由教师们共同努力确定学生学习的发展领域"。研究者利用现有证据，合作研究、计划、教学和开展一系列听课，并通过持续的讨论、反思和专家意见，来追踪和完善他们的干预措施。

课例研究是指教师集体听课，课后相互评论。因此，它需要时间、信任和高度的专业精神。一位专家带领一组英语教师到上海，听数学教学名师的一堂课。他说，教师们有一个先入为主的观念，即积极的结果来自无法复制的文化因素。但他们回来后却持有不同的观点，并对合作计划和同行评价产生的详细考虑给予高度肯定。

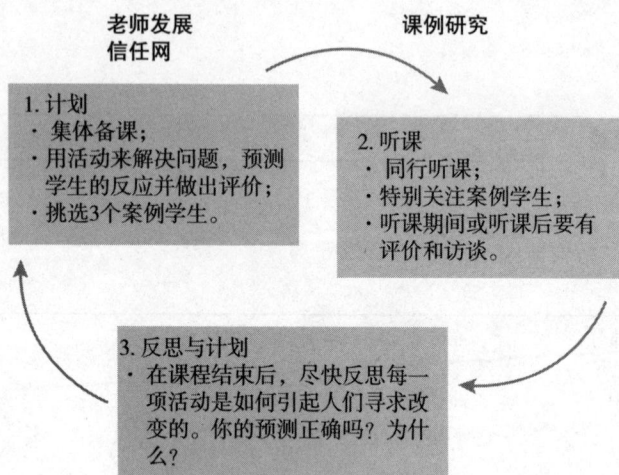

图12-5　课例研究

图片来源：https://tdtrust.org/what-is-lesson-study

研究人员普遍支持课例研究。戈弗雷等人（2018）探讨了课例研究在伦敦学校的影响，并发现积极的结果；在另一项研究中，张万明（2014）分析了课例研究在远东地区的影响，远东地区的课例研究已实施多年。①

学习走访

学习走访是一种收集学校教学某一方面证据的方法。它包括一组教师与全体教师分享研究成果之前，对教学某方面进行短时

---

① 参见 https://www.tandfonline.com/doi/pdf/10.1080/13674580200200184.

间观察。传统上，学习走访与学校发展相关，由高层领导进行。然而，大多数学校认识到，学校的进步离不开教师的发展，并且主要通过对调查结果的讨论和随后的活动来实现。一些学校已经看到了在计划和收集证据时让各级别人员参与的价值。我曾与学校领导和教师们一起参加过"学习走访"活动。有一次还与州长们参加活动，但是州长们由于缺乏专业知识，无法评价教与学之间的关系。

在学习走访中，听课者在教室，短时间观察和讨论教学的某一方面，并以约定的方式记录他们的发现。因此，学习走访有利于教师的广泛参与。观察通常持续一两天。我参与过的学习走访主题包括：

- 差异化
- 满足能力强的学生的需求
- 提问的使用
- 热身活动
- 全体会议
- 课堂管理

更多关于"学习走访"目的及机制的内容，参见https://www. k12albemarle.org/acps/staff/TPA/Documents/Learning_Walks_Overview.pdf或http://www.aettraininghubs.org.uk/wp-content/uploads/2012/08/8_National-Strategies_Learning-walks.pdf（包括模板）和https://peterpappas.com/2011/09/learning-walks-power-teacher-to-teacher-pd.html。

教练

如果之后不进行有意义的讨论，课堂观察就没什么价值。如果反馈只是观察者的独白，他告诉被观察的教师他的发现，但是没有基于合适的证据提出他的观点，这也是无效的。最有价值的是，观察者和被观察者进行对话，让被观察者在对话中获得客观的、基于证据的反馈，从而支持他反思教学。我把这些对话称为"教练对话"；它们不是纯粹的指导，而是包含提问和对话元素，帮助教师思考自己的行为、影响、潜在目标和新行为。

教练对话被证明是培养教学技能的一种非常有效的方法。需要强调的是，人们经常会混淆"教练"到底指什么，在翻译中可能会变得更加复杂。教练常与运动联系在一起，在体育方面，教练会指导运动员提高运动水平；从历史上看，这是一种等级分明的活动，参与者扮演着接受智慧和建议的角色。现在，教练开始转变为更加互动的方式。教练型的教育者与运动教练的概念内涵有区别。

在教育领域，教练和指导是两个截然不同的概念，在教师发展中有着不同的作用，但是它们经常被联系在一起。指导是指由一个某个职位上更有经验的同事为经验较少的同事提供辅导和建议（比如运动教练）。通常是为刚入职人员提供指导，比如刚开始教学或承担新职责时。如前所述，教练是完全不同的，教练没有等级因素。教练可以由同辈、下属或上级担当。当教练对受训者的表现负责时，很难（包括我在内的一些人会说不可能）发展出必要的平等关系。然而，可以充分地用教练所采用的方法来进行我所说的"教练对话"。

　　"教练"是一种解决问题的方法，可以使人进步。它由受训者驱动，由教练推动。我作为教练和讲师，相信这是一种非常有效的工作方式。一名教练需要专业训练，例如，韦斯特·伯纳姆和奥沙利文（1998）强调了在成功的教练关系中需要高质量的个人和人际技巧、相互信任、自信和尊重。

　　教练有各种各样的定义，比如：

　　• 教练是激发自身潜力最大化，是帮助他们学习而不是教他们（Whitmore，1995）

　　• 教练是促进学习和发展的过程，有助于提高绩效（Parsloe & Wray，2000）

　　• 教练是促进他人表现、学习和发展的艺术（Downey，2001）

　　我建议你看看由惠特默提出的GROW模型，更多地了解培训过程和构建培训对话的方式。第一阶段与受训者一起制定预期目标，即想要达到的目标。这包括明确目标重要的原因，以及目标有多重要。第二阶段是确定正在发生的事实，包括关注为实现目标所做的努力以及约束。第三阶段着眼于解决问题并达到预期目标的方法，包括选择和想法——最不寻常的也许是最有效的。最后，教练引导学员了解他们要完成什么才能达到目标，他们会做怎样的选择，他们如何知道方法是否有效，以及成功后的感受。这也被称作"我要做"阶段，这一阶段还应该包括时间安排和支持机制。

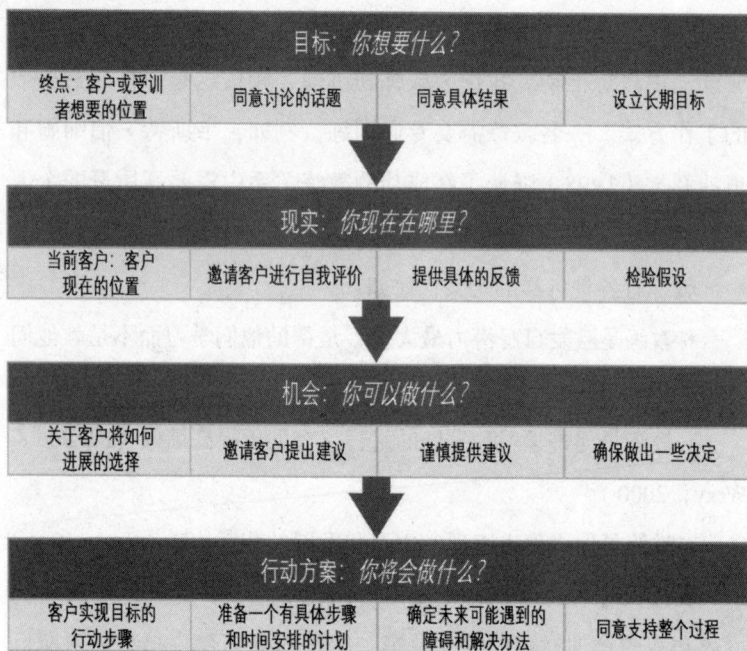

图12-6 GROW 教练模型

图片来源：https://www.mindtools.com/pages/article/newLDR_89.htm or https://www.businessballs.com/coaching-and-mentoring/grow-model.

英国教育与就业部出版的书籍《学与教：专业发展战略》（英国教育与就业部，2001）表明，专业发展最有可能导致教师实践的成功改变，包括在数周和数月时间内对专业实践进行教练和反馈。通过教练，教师可以为自己的专业发展解决方案负责，从而有力量和决心。GROW模型为教练员和受训者提供了支持此过程的简单框架。有些选项元素有时会被错误地缩减。模型的目的是帮助产生想法，认识到最明显的并不总是最有效的，创造力可以挖掘出令人惊讶和有效的前进方式。只有探讨了一系列备选办法的可行性之后，才应该讨论前进的途径。

"教师协作和相互支持的强大元素隐含在这些机制中，而正是这些元素提高教师信心，促进教师学习和在课堂中嵌入专业实践改进。"（英国教育与就业部，2001）

专业学习共同体

专业学习共同体已在许多学校流行起来。它的定义通常很松散。在教育方面，它是以整个学校或部门为基础，主要由领导指挥，或由教师亲自策划和管理的团队。教师们经常或偶尔聚会，进行合作性和持续性的学习。专业学习共同体是促进教师发展的有力途径。它可能是动态的、创新的、能激发学生热情的。德福尔（2004）强调了以下内容是真正的专业学习共同体的关键组成部分：

- 关注学生和学习
- 教师间真正的合作
- 结果导向

无论专业发展项目使用的是教练还是其他传授方法，个人都必须致力于改进和发展。成功的项目会让参与者掌握一系列的技能和形成意识。教师可能不知道他们缺少什么技能。但是，通过同伴听课、有效的教师评价、学生成绩的对比检查、学生调查，或者与有效教练或校长的交谈，教师们可以认识到需要建立的具体技能，使能力达到更高水平。

一起工作的教师可以特别关注学生如何更有效地学习和追踪他们努力的结果。教师们经常独立工作。虽然大多数专业学习共同体是整个学校或部门的计划，但是一小群志同道合的同事也可以有效地推动这一议程。

案例分析

在一所小型小学，两位经验相对不足的教师分别负责数学和英语的协调教学工作。他们知道副校长最近接受了一些培训，其中包括教练对话培训。副校长以非常赞赏的措辞表达了培训的收获。于是，两位教师询问副校长是否可以相互观察课堂教学，培养自己教练对话的能力。他们希望副校长参加一些课堂观察和反馈讨论，从教练和督导的身份提出意见。他们的目标是自信地参与全校同事的课堂观察，并与个别同事开展教练对话。英国教育与技能部认为，有必要解决工作模式和政策问题，每个人，不论年龄、种族或性别，都可以更加容易地将工作与责任或愿望结合起来。

初期工作为期三个月，两位教师开展了三次相互听课。副校长向他们提出了有益的建议，但强调尽可能要找到自己的前进方向。在同行听课之后，教师之间进行更开放的对话，更愿意寻求进一步的观察，彼此敞开心扉讨论。从一个小步骤开始，一种关于学生学习的真正对话的文化就发展起来了。学校认为，教练方式已经改变了课堂观察的文化。现在教师们开始寻求和欢迎这种方式，而不是忍受。所有的教师都欣然同意"教练"成为学校发展计划的核心部分。

跟随

跟随是另一种学习方式。尤其是对刚踏上新岗位的人来说，就是跟随同事工作一段时间。与课堂观察一样，当活动伴随有意义的谈话时，活动就很有价值。

工作生活平衡

如果我们想做最好的自己，不关注个人幸福是错误的。我们已经说过，要成为有效率的教师需要个人、人际交往和专业三方面的技能。为了执行苛刻的日程安排，教师们需要身心健康。工作和生活的平衡至关重要，但是工作与生活平衡的定义非常个人化。某项工作对一个人来说有激励作用，对另一个人来说可能是超负荷。英国教育与技能部提出，有必要解决工作模式和政策问题，使每个人——无论年龄、种族或性别——都可以更容易地将工作与其他职责或愿望结合起来。英国教育与技能部教育大臣（2015）说："我们希望支持专业解决不必要和非生产性的工作量问题，我知道许多老师对此感到担忧，这正在阻止他们将时间花在真正重要的事情上——鼓舞年轻人实现自己的潜力。"许多人会质疑这种支持是否能够到来。

在教育方面，人们日益认识到教师所面临的压力及其对学校生活各方面的影响。大多数工作中都存在压力，压力过小与压力过大同样有害。然而教师压力的影响更多地落在学习者身上。在教育方面，压力来自：

- 政府或管理机构，为学业表现所设立的期望
- 检查
- 解释并增加期望的学校领导
- 课程和考试要求

- 管理，包括许多会议

- 备课和评分的工作量

- 来自家长的压力以及通过技术增加与教师交流的机会

- 学生，尤其是他们的行为

- 同事

- 自己

许多压力是逐渐增加的。我们经常会给自己和同事施加压力。保持健康的工作生活平衡对整个学校和个人来说都至关重要。现在有些学校制定了直接解决此类问题的政策；在一些国家，压力问题没有得到承认；在一些国家，这被视为一种弱点，不要指望每个人都能应付持续的、繁重的工作。

教师是一种职业，任何教师都不能说自己的专业表现和学生成绩是完美的。教师总有更多的目标需要实现。它与许多其他形式的工作完全不同。在课程（输入）和学生表现（输出）的水平上总有可以再改进的地方。教师自己常常是压力的主要来源，因为她对自己抱有不切实际的高期望，并且将未来的道路视为更加努力和更长时间的学习。不合理地努力工作是不可持续的，并且对个人和同事产生许多负面影响。包括：

- 教师缺席（这通常会给同事带来压力，并影响学生的学习）

- 教师流动

- 疲劳教学

- 教师心理健康

- 教师离职

- 贫困家庭

- 缺少观点

工作与生活的平衡本质上具有选择性和灵活性，无论个人在何种环境下工作，他都有机会决定如何面对。在一些学校，工作时间越来越长，几乎具有虐待倾向，却被视为专业标准。聪明地工作是努力工作的解药。最近流传着这样一个故事：一位新上任的校长带着高尔夫球杆来到学校，在一天结束后假装去打高尔夫球。对他来说，这是一种深思熟虑的策略，旨在让人们注意平衡工作和生活的必要性，并就其合理性展开讨论。这不是日常习惯！他向员工解释了自己的理念，知道他们会理解他最初的目的。第一印象总是很深刻。

以下问题可以帮助你确定需要定期检查的内容，以保证工作与生活的平衡质量：

1.我每周工作多少小时？我工作效率高吗？

2.我把工作带回家了吗？我晚上多久工作一次？

3.我多久午休一次？我需要在午餐时间工作吗？

4.我能在周末休息吗？我是不是一直在思考工作？

5.我如何使用手机或平板电脑？是否会让我太忙于工作？

6.我在度假吗？我休假时要工作吗？我度假时，会因为工作的事联系我吗？

7.工作之外，我还有什么兴趣爱好吗？我在兴趣爱好上花了多少时间？

8.我有没有因为工作耽误了什么家庭活动？

9.我是否可以定期与家人或朋友共度美好时光？

10.我经常在托儿所或学校接孩子时迟到吗？

11.我有时间给自己充电吗？

12.我的心情如何？我和亲人在一起精力充沛吗？我对工作感

到焦虑吗？我对家庭感到愧疚吗？

13.我最近有时间去运动和锻炼吗？

要想获得工作和生活的平衡，关键要思考你对这种平衡的理解和需求。你需要考虑你周围的人和你所在的团队，认识到家人和朋友是需要主要考虑的因素。我必须承认，在这方面，我不是一个好榜样，而且，我怀疑，像其他人一样，我曾利用从工作中获得的满足感来弥补我个人生活关键时刻所面临的困难。

对重要事情的判断，会让你学会分清事情的轻重缓急。总是有一种诱惑，让你致力于尝试和达到完美。（你有没有注意到超负荷的工作似乎只会影响那些最投入工作的人）在工作场合，制定一个时间表来安排时间是很有帮助的，并试着安排时间来完成优先事项；你的计划会发生变化，其中一些可能会分散你的注意力，浪费时间，但是不会带来很大的影响。分析计划和实际使用时间可以帮助你仔细关注时间管理。如果你发现非教学因素没有按照你的计划发生，那么你应该会想，为什么会有这么多没有预料到的事？怎样才能使事件有秩序感？我曾经的论点是，没有时间来说明如何使用时间会使整个情况更加复杂。

下面是一位教师的时间管理表格。

表12-4　评价你的时间使用

时间	长度	活动
07：50—08：10	20分钟	布置教室和准备材料
08：10—08：30	20分钟	晨会
08：30—08：45	15分钟	注册和报名时间
08：45—09：30	45分钟	教学
09：30—10：15	45分钟	教学

（续表）

时间	长度	活动
10：15—10：30	15分钟	休息时间
10：30—11：15	45分钟	从第一课快速标记书本和检查下一课的计划和家长电话

确立优先顺序之后，坚持优先顺序更重要，这需要教师的实力和交流技巧。在许多场合能够对不合理的要求说不。你还需要为自己和任务安排时间，避免为此感到内疚。将事情告诉他人也很有帮助；一个值得信赖的同事或朋友会帮你找到解决问题的角度。

以下简短评论来自教师博客：

• 你需要精力和热情来成为一名真正有效率的教师，这不可以假装

• 我认为除了教师之外，没有多少人会理解这是一份在精神上、情感上和身体上都要求很高的工作。如果你不照顾好自己，你的健康将不可避免地受到损害

• 当我工作时，我会问自己一个问题：完成这项工作对我的学生或同事有什么影响

• 我们错误地认为，成功是我们投入工作时间的结果，而不是我们投入时间质量的结果[1]

⊙ 注意事项

教师是一份人际交往的职业。在学校中，最重要的资源是人的资源，教师则需要做得最好。

作为学习场所中的榜样，我们需要成为终身学习者。无论工

---

[1] 参见 http://teacherhabits.com/why-teachers-are-so-tired-and-what-to-do-about-it.

作环境如何，都应从自己和他人的经验中学习。没有人可以强制要求进行反思，但是反思是做出改进和尽力做到最好的首要重要阶段。教师常常独立工作，但是真正的团队合作才能产生有效的发展。懂得分享并且高情商的人会不断改进他们的教学。

教学是一项要求很高但有意义的工作；我们被赋予培养世界上最宝贵的资源——未来的居民和领导人——我们需要尽一切努力确保我们处于最好的状态，支持他们也成为终身学习者。教师可以，并且需要发展技能和知识。成为一名高效教师关乎我们做的事情，无论起点在哪里，我们都可以朝着更高水平努力，并且支持其他人这样做。

补充书目

Bubb, S. and Earley, P. (2004) Managing Teacher Workload. London: Paul Chapman Publishing.

Davies, B. and Davies, B.J. (2011) Talent Management in Education. London: Sage Publications.

Evans, L. (1998) Teacher Morale, Job Satisfacton and Motivation. London: Paul Chapman Publishing.

Hord, S.M., and Sommers, W.A. (2008) Leading professional learning communities. London, Corwin Press.

Moon, J. (1999), Reflection in Learning and Professional Development: Theory and Practice. London: Kogan Page.

Professional learning communities-available at: www.ascd.org/publications/educational-leadership/may04/vol61/num08/What-Is-a-

Professional-Learning-Community. aspx.

Rhodes, C., and Beneicke, S. (2002) Coaching, mentoring and peer-networking: challenges for the management of teacher professional development in schools, Journal of In-service Education, 28:2, 297-310.

Work life balance-available at: https://www.atl.org.uk/Images/Worklife%20balance%20toolkit%20maintained.pdf (ATL).

https://www.theguardian.com/teacher-network/teacher-blog/2013/aug/15/work-life-teachers-balance-coping-strategies.

Lesson study-available at: https://www.tandfonline.com/doi/abs/10.1080/19415257.2018.1474488.

Professional learning communities available at: -www.ascd.org/publications/educational-leadership/may04/vol61/num08/What-Is-a-Professional-Learning-Community¢.aspx.

Work life balance available at:-https://www.hays.co.uk/job/education-jobs/education-insights/top-tips-for-a-successful-work-life-balance-as-a-teacher-1482497.

https://www. familylives.org.uk/how-we-can-help/for-professionals.

Learning walks-available at: https://www.k12albemarle.org/acps/staff/TPA/Documents/Learning_Walks_Overview.pdf.

http://www.aettraininghubs.org.uk/wp-content/uploads/2012/08/8_National-Strategies_Learning-walks.pdf(includes templates).

https://peterpappas.com/2011/09/learning-walks-power-teacher-to-teacher-pd.html.

Coaching-available, https://www.tandfonline.com/doi/pdf/10.1080/13674580200200184.

活动的反馈

> *"你可以给予他们爱，却不能给予他们思想，因为他们有自己的思想。你可以庇护他们的身体，但不能庇护他们的灵魂。因为他们的灵魂住在明日之屋，即使在梦中你们也无法造访那里。"*
>
> ——哈利勒·纪伯伦

第一章　反馈1

反思你从别人那里学到了什么？是什么让此次学习难忘？

很可能你选择的那个人让你对自己所做的事情感觉良好，给了你成功的信心。他们的职业可能是教师，也可能不是。他们可能是你的朋友、同事、亲戚或陌生人。可能你一开始就很有动力去学习，他们帮助你保持这种热情，或者通过他们的方式激发你的热情。他们可能表现得很有耐心，并且愿意以正确的方式向你解释事情。他们可能会给你有建设性和有帮助的反馈。他们可能微笑着、温和而坚定地说话。他们也会展示许多技能，其中一些或大部分，你当时没有意识到。

高效能教师既具有与学习者建立联系的人际交往能力，又具有一系列的技术教学技能。

第三章　反馈2

写下你对学习的描述或定义，然后反思它对你课堂教学的影响。

本章内容包含了学习的定义。

你可能已经掌握了学生需求与所教信息之间互动的证据，以及能够在不同的情况下使用这些技能。学习所包含的一些关键技能表现为：

- 应用
- 概括
- 迁移
- 不断增强的信心
- 理解力
- 新知识或技能
- 现有技能的发展
- 做一些以前不能做的事情
- 在不同情况下运用知识或技能
- 将新知识与现有知识整合
- 能够运用新学的知识或新学的技能

第三章　反馈3

我们希望学习者拥有怎样的能力？

可能会包括以下能力：

- 独立的学习能力

- 研究能力

- 口头交流能力、书面交流能力、倾听能力和网络交流能力

- 读写能力

- 算术能力

- 创造力

- 解决问题能力

- 人际交往能力

- 敏锐的感知能力

- 考虑他人需求的能力

- 抗逆能力

- 毅力

- 批判性思维能力

- 合作/团队合作能力

- 感知力

- 自我评价能力

- 计算机应用能力

第四章　反馈4

想一想你对修读这门课程的学生有什么期望？对所有学生都是同样的期望吗？你为什么对他们提出这样的期望？当你向学生提供反馈时，重点（明示或暗含）是学生的成绩、学生所付出的努力或者取得的进步吗？他们是通过什么方式获得反馈的？如何才能提升面对挑战的学习者的自我形象和恢复能力呢？

你使用了多少来自之前学习的数据？哪些是你自己的判断？你是否为不同的学生群体设定了不同的学习成果？学生们有没有分享学习成果？学生的荣誉会影响你对他们学业进步的期望吗？你如何向学生提供反馈？哪些方法对不同的学生都有效？你如何平衡高期望值和个人进步，特别是对于那些学习能力最差或最好的人？如何推广一种积极的学习方法，并提升学习困难的人的自我形象？

这些挑战性问题对于有效教学的发展至关重要，它们构成了本书本章和后续章节的基础。

第五章　反馈5

考场的场景是你对学校的回忆吗？你花多少时间让学生准备考试？你能变换一种方式吗？有没有更好或准备时间较少的考核方式？通过考试可以学到什么？

考试使学生对学校的回忆不再愉快，但本书读者肯定在大部分或全部的考试中取得较好成绩。

考试是学校生活中不可避免的一部分，作为教师，我们希望学生在考试中表现出色。但是，我们是否花了太多的时间让学生准备考试，从而限制了他们对学习的探索，使学习变得狭隘了呢？时间都用于复习，学生没有学到新内容。我们是否可以使复习课更具互动性，并与学生本人更多地直接相关……毕竟，如果他们是有效学习者，他们应该知道需要进行哪些练习，而且所有同学不可能需要相同的练习。同样，如果我们让他们参与分析自己的学习优势，并帮助他们了解不足之处（有时甚至是考试技巧），就可以帮助他们从考试和测试中有所收获，以便解决问题。教师在课堂考试中仔细检查每一个问题，给出正确答案很乏味。表现出色的学生几乎没有需要解决的问题，所以大大浪费了他们的时间。对于那些考试不好的学生来说，这种方法可能会弄巧成拙，因为他们一次性处理的错误太多，很可能会损害自尊。

第六章　反馈6

你如何确保评分代表你的时间价值观，并对学生的学习产生显著和积极的影响？

- 确保学生知道评分的标准以及预期的学习结果
- 确保学生理解你的反馈，并有时间和能力根据反馈采取行动
- 决定花多长时间对特定的任务或学生做一次详细的评分
- 决定什么时候用口头反馈效果更好
- 在你预留的时间和评分影响之间取得平衡（评分可能是无效的，因为学生没有充分准备考试的试卷，因此这是教学而不是学习的问题）
- 作为教师，决定如何记录和分析学生的进步
- 决定如何提高学生的自我评价和同伴评价能力
- 让学生对你的评分进行评论，使其具有互动性并引导学生采取行动

第六章　反馈7

如果一个班级中有很大比例的学生在一次测试中获得很

高的分数，那么这告诉我们什么？把你的想法写下来，然后再翻到书后，阅读对该数据的解释。

这种情况既有积极的原因，也有消极的原因。

- 班级学生能力很强
- 教学质量很高
- 学生考试准备充分
- 考试没有足够的挑战性
- 教师以牺牲更广泛的学习为代价来教授考试内容
- 教师和学生串通一气
- 学生作弊
- 评分过于宽松

第六章 反馈8

如果你是课题负责人或部门主管，你将从结果中得出什么结论？还有什么其他问题吗？把你的答案与书末的答案比较一下。

为什么某位教师班级的学生成绩特别好？有数据可以解释这一现象吗？此外，这两个班级构成大致相同，是否一个班的学生比另一个班的学生更有能力？

为什么A教师班级和C教师班级的成绩比B教师班级低这么多？是有一位高效能教师还是两位低效教学的教师？为什么女生在各个班级的表现都比男生好？

第八章 反馈9

差异化方法	潜在优点	潜在缺点
结果	学生都能在自己水平评价中做出有意义的贡献	任务不适合所有学生 由于反馈不足，因此学生没有提高能力的机会 过于依赖学生能力
课内的成人支持	需要针对性支持的学生，可以参加完整的课程，有助于开发团队教学方法。	学生会产生依赖性 获得支持的学生会从同伴中孤立 让教师放弃责任 教师间没有合作计划
课外额外支持	学生需要在安静或不受干扰的环境下，短时间集中学习专家教学	课程发展不平衡 在课堂进行专业课学习 会被污名化
同伴支持	包容的环境 建立友谊 能得到支持 团队合作	对同伴产生依赖 以牺牲同伴的学习为代价，为同伴增加负担
分组	按学生需求分配工作 工作灵活 提升学生信心	产生刻板印象并降低期望 个人依赖于同伴，对小组贡献较少 明显按能力分组 小组管理具有挑战性
工作时间	关注质量而非数量 有利于记录困难的学生	降低期望 被认为不公平
工作时间分配	有利于有能力但记录慢的学生 有利于语言学习早期阶段的学生	教师减少课程量 学生可能会很累 学生的社交时间受到限制

（续表）

差异化方法	潜在优点	潜在缺点
记录方法	不限于记录技能评价，是对学生理解力和技能的评价，有利于记录困难的学生	学生可以选择对他们来说更容易的记录方式，而不是发展必需的记录技能
写作框架	给写作困难的学生搭建框架 如果需要，可为所有人提供拼写和结构拓展的支持	学生会产生依赖 学生完成写作的方法受到限制
提问	评价不同层次学生的学习 挑战有能力的学生，支持能力不足的学生	教师会产生刻板印象并设定执着的期望 造成或加强学生对同伴的刻板印象
技术	有利于被技术的使用激励的学生 有利于书写或拼写差的学生 有利于学生为毕业后的生活做准备 有利于有身体特殊需求的学生	学生缺少书写练习 教师较难判断学生作业是否为抄袭
"拼图"教学	团队合作 学生互相倾听 短时间内对主题的有效汇报 学生对同一主题持不同观点 连接计划的、差异化的小组工作	学生没有关注整个课程，而只是专注课程某部分
扩展活动	有利于更有能力的学生 向学生提出更多挑战	教师没有提供更多同类的练习 教师采用刻板印象的方法 教师提高了对所有人的期望
任务	能够满足不同层次学生的需求	教师缺乏计划 教师有刻板印象和提高期望

（续表）

差异化方法	潜在优点	潜在缺点
课堂管理	有利于被噪音或某些同学分散注意力的学生 有利于有听力或视力障碍的学生 保证教学考虑到环境和资源因素	教师难以执行课堂管理 学生较难成立友谊小组
评价	学生展示他们能做什么而不是不能做什么 挑战更有能力的学生	学生需要准备时间 教师有刻板印象，并期望较高
个人目标	让学生理解并致力于自己的学习	目标不合适 没有实现目标的明确步骤
选择	学生是自己学习的积极参与者	学生承担不适合自己的水平的工作 资源或任务不可用

第九章　反馈10

　　请考虑以下情形。在中国的这所国际学校，约50％的教师是中国教师，他们大部分在中国接受教育。其余的则来自世界各地的英语国家。中国教师往往是长期工作，年龄较大，而大多数外国教师则年轻，且停留时间较短。学校有一位国际董事、一位当地老板和一位中国副校长。该校有一些科目用普通话授课，另一些科目用英语授课，但希望在不久的将来学校能开设更多的英语授课课程。学校总共大约100名教师，住宿管理人员都是当地人。

　　在这种情况下，有可能发展两种不同的文化。你认为哪

些因素可能导致这种情况？领导者如何才能在所有教师中营造一种统一的文化？

教师之间的分歧出现了。长期任职的中国教师，他们的薪酬大多不如国际教师丰厚。当国际教师定期招聘和辞职时，中国教师会感到不满。尤其是当国际同行被认为更有见识时，他们会觉得自己的价值被低估了。领导必须认识到这种工作环境可能带来的问题，让每个人都参与寻求解决已确定的问题，建立共识和方法。这包括：

- 就职仪式
- 正在进行的讨论和教师发展
- 发展具有真正学习任务的跨文化团队
- 安排员工共享设施和近距离开展工作
- 伙伴关系
- 分享社交和娱乐活动
- 分享特别活动和庆祝仪式
- 建立一种开放的文化，可以共享思想
- 专注于所有人都理解的交流
- 领导的明确期望
- 找到可以建立合作关系的积极方面

第九章 反馈11

在阅读清单之前，你会看到整合学科教学的主要困难。

我想到以下困难，但你很可能会提出其他建议。

- 我们的教师培训（特别是在中学阶段）是以学科知识和传播

为基础的

- 历史和传统的阻碍——我们已经习惯传统教学方法
- 计划方法的时间
- 考试要求
- 教师技能及在这种环境下的信心
- 制定时间表
- 现行课程要求
- 家长意见和压力
- 害怕变化

第十章　反馈12

教师可以从许多早期的课程组织中学到什么？

可能包括以下内容：

- 创造跨课程学习机会
- 以孩子的兴趣为基础
- 观察和形成性评价能力
- 团队合作
- 计划能力
- 把教室改造成一种资源
- 制定例行任务
- 课外学习方法
- 与家长交流方式
- 培养父母成为子女教育的伙伴
- 将孩子看作一个完整的人

附录1 教学政策

以下是制定政策的基础。在网站上可以找到很多现成的政策，但是制定一个适合你学校的政策很重要。思想往往可以成功灌输，但很少有完整的策略。教师参与开发的过程与最终产品同样重要。一项政策不能存在于纸面上，而是存在于实践中，必须切实可行、可以执行和定期评价。没有任何政策能独善其身，考虑到具体教学方面内容的关键政策才有价值。例如，教学政策适用于差异化、评价、教师发展或技术使用。

学校可以在下文的框架上添加内容。

教学和学习政策（或学习与教学）

引言

教学是学校的主要目的，学习是成功教学的结果。在评价学校是否成功时，我们必须注重教学成果和投入质量。没有持续的、有经验的教学，学生就不能发挥他们的潜力。本政策规定了学校提高教学质量的框架。它是一个支持所有教师的框架，并为评价和发展教师能力奠定了基础。

根本原则（添加/删除/修改以满足学校需求）

• 所有学生实现学习

• 学习是愉快的

• 学习不仅仅是获取知识；在当今瞬息万变的世界中，学生需要发展技能，了解他们如何学习，并能够在不同的环境中应用他们学习的知识

• 没有单一的教学方法，但是我们希望所有的课程都有一个共同的核心要素，这些要素结合起来可以为学生带来最好的结果

• 教师有一种无可推卸的责任，即尽其所能培养学生最好的学习能力

• 学习的时间是宝贵的，必须充分利用时间来学习

• 学校领导有责任支持、监督和挑战教师，以确保学生得到最好的学习机会

一堂课

• 准时开始，不浪费时间

• 有组织的小组活动，学生有机会一起合作，互相学习

• 关注技能的培养

（包括学生分组、差异化教学、技能培养、课程结构、课堂管理、支持人员的使用、课程结束、资源使用、信息和通信技术、教学计划、评价、家庭作业、表扬和奖励）

需要在上文中的教师指导和明确期望，过多的指示和教师权力丧失之间实现平衡。

教师发展

教学是教师的核心职能，教学质量的好坏直接影响着学生的学习。因此，在学校，我们将通过以下活动高度重视教师的持续发展：

• 教师之间及年级会议中讨论教学（加上你自己的！）

……

下面的内容可能包含在前面的章节中，是独立的章节，或者

在某些情况下独立的策略。策略之间的交叉使用也非常重要。下文的清单还远远不够详尽。

评价

记录对形成性和终结性评价期望的细节，以及学生的进步和成绩。

差异化

制订计划

高级教师的职责

协助改进教学，是高级教师的主要责任，亦是学校改善工作的核心。要做到这一点，领导需要在必要时承担起支持者和挑战者的角色。

校长和副校长将……

系主任将……

连接

该策略还应与下面列出的其他策略一起阅读（例如特殊教育需求策略、行为策略、英语辅导课程策略、天才学生教学策略……）：

成功标准

该政策的影响将取决于：……

学生在外部考试中的表现：……

课堂观察

描述课堂观察的目的、作用和教学方法，评价教学质量。可以参考其他有关绩效管理的政策，例如……

审查

政策将在……由……审查

附录2　可读性

可读性指数

迷雾指数和可读性计算公式

"可读性计算公式"决定了文档是否以适合目标读者的阅读水平编写。罗伯特·冈宁德迷雾指数是用来衡量文档阅读难度的最著名的指数之一。

指数公式如下：

（平均每句单词数）+（3个音节以上单词数）×0.4=迷雾指数

迷雾指数水平用来测量读者理解材料所需的受教育年限。对大多数人来说，迷雾指数12以上的书都很难阅读。

对于特定的读者来说，迷雾指数并不能确定文章是否太过基础或太过高级；相反，它能帮助您决定一份文件是否能从编辑或使用"纯语言"技术中受益。

如何使用迷雾指数：

选择一段短文，计算字数。对于一篇较长的文档，选择几个不同的段落，平均计算迷雾指数。

例如：

Since John Snow, a rail-company boss, was picked this week to replace Paul O'Neill as America's treasury secretary, the talk in economic and financial circles has been all about the effect his appointment might have on economic policymaking. Among staffers at the Federal Reserve, though, much of the gossip continues to be about when—and whether—they themselves will get a new boss. The central bank's current chairman, Alan Greenspan, has been in the job since 1987; his current term expires in 2004. So, along with many Fed-watchers, insiders want to know whether Mr Greenspan will, if he seeks to, be reappointed.

（1）字数=102

（2）数一数这段话中的句子数量。

句子数量=4

（3）统计大词（3个或更多音节）的数量。排除"es"或"ed"构成第三音节和最后一个音节的词、"state-of-the-art"等连字符词和"报纸"等复合词。

"大词"的数量=9个

（4）用字数除以句数，计算平均句长。

平均句子长度=102/4=25个字

（5）用大字数除以字数，再乘以100，计算大字的百分比。

大字的百分比=（9/102）×100=11.30%

（6）将平均句子长度与大词比例相加，然后将这个结果乘以0.4，这就是迷雾指数得分。

迷雾指数=（25+9）×0.4=34×0.4=13.6

例文要求阅读能力为14岁的孩子，他们能胜任指定阅读。使用技术术语或专业术语往往会增加迷雾指数的得分。但如果这些词是听众熟悉的，你就不需要把它们算作大词。

参考文献

［1］Carter, K., Bond K., and Franey, T. (2003) Learning Communities ［EB/OL］. National College for School Leadership in England. Nottingham, UK: NCSL: http://www.leeds.ac.uk/educol/documents/155096.htm.

［2］Eyre, D. (2018) High Performance Learning (2016)［M］. London: Routledge.

［3］James, M. (2015) A Brief History of Seven Killings［M］. London UK: Oneworld Publications.

［4］Fullan, M. (2008) The six secrets of change［M］. San Francisco: Jossey Bass.

［5］Goleman, D. (2002) The new leaders ［M］. London: Little Broen.

［6］McKinsey Group, (2010)［EB/OL］. https://www.mckinsey.com/industries/ social-sector/our-insights/how-the-worlds-best-performing-schoolsystems-come-out-on-top.

［7］Mckinsey Group, (2010)［EB/OL］. https://www.mckinsey.com/industries/ social-sector/our-insights/how-the-worlds-most-improved-school-systems-keep-getting-better.

［8］Rosenthal, R., Jacobson, L, (1968) Pygmalion in the classroom: Teacher expectation and pupils' intellectual development ［M］. New York: Holt, Rinehart & Winston.

［9］Critique of McKinsey Research［EB/OL］. https://www.researchgate.

net/ publication/233185152_Why_the_McKinsey_reports_will_not_
improve_school_syst-ems.

[10] Desforges, C, (2003) The impact of parental involvement, parental
support and family education on pupil achievements and adjustment:
a literature review [EB/OL] . https://www.nationalnumeracy.org.uk/
research-impactparental-involvement-parental-support-and-family-
education-pupilachievements.

[11] Fullan, M. (2013) Motion Leadership in Action [M] . London: Sage
Publications.

[12] Jones, J. (2009) The Magic-Weaving Business [M] . London:
Leannta.

[13] 21st century learning skills [EB/OL] . https://k12.thoughtfullearning.
com/ FAQ/what-are-21st-century-skills.

[14] Claxton, G., and Lucan, B. (2015) Educating Ruby: what our children
really need to learn [M] . Carmarthen, Wales; Crown House.

[15] Dalio, R. (2017) Principles; Lifework [M] . New York: Simon and
Schuster.

[16] Fullan, M. (2013) Stratosphere. [M] Toronto, Canada: Pearson.

[17] Fullan, M. (2018) 6Cs [EB/OL] . https://www.youtube.com/watch?
v=uzT06CjqdHk.

[18] Hattie, J. (2012) Visible Learning [M] . London: Routledge.

[19] Prensky, M. (2016) Education to better their world: unleashing the
power of 21st century kids [M] . New York, USA: Teachers College
Press.

[20] Pritchard, A. (2009) Ways of Learning: Learning Theories and
Learning Styles in the Classroom [M] . London: David Fulton.

[21] Säljö, R. (1979). Learning in the Learner's Perspective. I. Some

Common-sense Conceptions [M]. Gothenburg: University of Gothenburg, Department of Education.

[22] Sternberg, R. et al (2000) Practical Intelligence in everyday life [M]. Cambridge, UK: Cambridge University Press.

[23] Fullan, M. (2013). Great to Excellent: Launching the Next Stage of Ontario's Education Agenda [EB/OL]. https://michaelfullan.ca/ wp-content/ uploads/2013/08/New-Pedagogies-for-Deep-Learning-An-Invitation-toPartner-2013-6-201.pdf.

[24] Robinson, K. (2011) Out of our minds; Learning to be creative [M]. Chichester, Capstone.

[25] Ken, Robinson. TED talk [EB/OL]. https://www.ted.com/ talks/ken_ robinson_says_schools_kill_creativity Defifining 21st century learning skills-: https://www.edweek.org/ tsb/ articles/2010/10/12/01panel.h04.html.

[26] Guy, Claxton. expanding the capacity to learn [EB/OL]. https:// docs. wixstatic.com/ugd/84a7e9_7c2c7b0cb542445cb3e972c 2f7180709.pdf.

[27] Scotland's plans for creativity [EB/OL]. http://www.creativescotland. com/__data/assets/pdf_file/0019/21394/Scotlands-Creative-Learning-Plan-2013-v-d4.pdf.

[28] Griffiths, A. and Burns, M. (2013) Engaging Learners [M]. Carmarthen, Wales: Crown House.

[29] Constructivist learning [EB/OL]. https://www.niu.edu/facdev/_pdf/ constructivism.pdf.

[30] Bryk, A., and Schneider, B. (2002) Trust in school: A core resource for improvement [M]. New York: Russell Sage Foundation.

[31] Claxton, G. (2012) Building learning Power [M]. Bristol, UK:

TLO.

［32］Coe, R., Aloisi, C., Higgins, S. & Major, L.E. (2014). What makes great teaching? Review of the underpinning research ［M］. London: Sutton Trust.

［33］Fullan, M. (2013) Stratosphere ［M］. Toronto: Pearson.

［34］Goleman, D., (1995) Emotional Intelligence ［M］. New York, England: Bantam Books, Inc.

［35］Goleman, D., (2002) The New leaders ［M］. London, Little Brown.

［36］Griffith, A. and Burns, M. (2012) Engaging learners ［M］. Carmarthen, Wales: Crown House Publishing.

［37］Hattie, J. (2009) Visible Learning: A synthesis of 800+ metaanalyses on achievement ［M］. London: Routledge.

［38］Hattie, J. (2012) Visible learning for teachers ［M］. London: Routledge.

［39］Honey, P., and Mumford, A. (2006). Learning styles questionnaire ［J/OL］. http://resources.eln.io/honey-mumford-learner-types-1986-questionnaire-online.

［40］MacGilchrist, B., and Buttress, M. (2005) Transforming Learning and Teaching ［M］. London: Paul Chapman Publishing.

［41］Nuthall, G. (2007) The hidden lives of learners ［M］. Wellington, New Zealand: New Zealand Council for Educational Research.

［42］Prince, M. (2004) Does Active Learning Work? A Review of the Research ［J］. Journal of Engineering Education, 93:3, 223-31.

［43］Purkey, W. (1992) An introduction to invitational theory ［J］. Journal of Invitational theory and Practice 1(1), 5-15.

［44］Redfern , A. (2015) The Essential guide to classroom practice ［M］. London: Routledge.

[45] Rosenthal, R., & Jacobson, L. (1968). Pygmalion in the classroom: Teacher expectation and pupils' intellectual development [M]. New York: Holt, Rinehart & Winston.

[46] Emotional intelligence [EB/OL]. http:// www.danielgoleman.info/ topics/ emotional-intelligence.

[47] Circle time [EB/OL]. http://www.circletime.co.uk.

[48] Learning communities in the classroom [EB/OL]. http://tribes. com/about Lesson observations-Zepeda, S. (2005) The instructional leader's guide to Informal Classroom observations [M]. New York: Eye on Education.

[49] Neuro-Linguistic Programmes [EB/OL]. https://www. skillsyouneed. com/ ps/nlp.html.

[50] Clarke, S. (2005) Formative assessment in the secondary classroom [M]. London: Hodder Murray.

[51] Fullan, M. (2013) Motion Leadership [M]. London, Sage.

[52] Hattie, J. (2012) Invisible Learning [M]. London, Routledge.

[53] Lesson study [EB/OL]. https://tdtrust.org/what-is-lesson-study.

[54] Ausubel, D.P., Novak,J. and Haneslan, H. (1978) Educational Psychology: A cognitive View [M]. New York: Holt, Rinehart and Winston.

[55] Baars,S., Bernardes,E., Elwick,A., Malortie A., McAleavy,T., McInerney L., Menzies L. and Riggall,A. (2014) Reading, UK: CfBT Educational Trust [EB/OL]. https://www.centreforlondon.orgwp-content/uploads/2016/08/Lessons-from-London-Schools.pdf.

[56] Black, P. and Wiliam, D. (1998) Inside the black box [M]. Berkshire, UK: OUP.

[57] Black,P., Harrison,C., Lee,C., Marshall,B., and William D. (2003)

Assessment for Learning [M]. London: Open University Press.

[58] Clarke, S. (2005) Formative assessment in the secondary classroom [M]. London: Hodder Murray.

[59] Clarke, S. (1998) Targetting Assessment in the Primary School [M]. London: Hodder Stoughton.

[60] Drummond, M.J. (1993) Assessing Children's Learning [M]. London: David Fulton.

[61] Earle, L.M. (2013) Assessment as Learning [M]. Thousand Oaks, California: Corwin Press.

[62] EDT (2014) [EB/OL]. https://www.educationdevelopmenttrust. com/EducationDevelopmentTrust/files/0f/0fbd3311-e5b1-440e-9635-1c30a553a102.pdf.

[63] Hattie, J. (2012) Invisible learning [M]. London, Routledge.

[64] Leahy, S., and William, D. (2009)From teachers to schools: scaling up professional development for formative assessment KK:T paper V2 [EB/OL]. https://www.theguardian.com/teacher-network/2015/dec/26/secret-teacher-awash-with-useless-acronyms.

[65] Siraj Blatchford,I., et al (2011) Effective Primary Pedagogical Strategies in English and Mathematics in Key Stage 2: A study of Year 5 classroom practice from the EPPSE 3-16 longitudinal study. Research Report DFE-RR12+ [EB/OL]. http://eprints.bbk. ac.uk/13124/1/ EPPSEM_report.pdf.

[66] Woods,D. and McFarlane, R (2017) What makes a great school in the twenty-first century in School Leadership and Education System Reform [M]. London: Bloomsbury.

[67] Assessment Reform Group (1999) Assessment Beyond the Black Box [M]. Cambridge, UK: University of Cambridge School of

Education.

［68］Bartlett, J. (2015) Outstanding assessment for learning in the classroom［M］. Oxfordshsire, UK: Routledge.

［69］Earl, L.M. (2013) Assessment as Learning. California, USA: Corwin. Earl, L.M［EB/OL］. https://rheaaslearner.wordpress.com/reflective-log-no-2-rethinking-classroom-assessment-with-purpose-inmind.

［70］Assessment［EB/OL］. http://differentiation.org/assessmentreform-group.

［71］https://k12teacherstaffffdevelopment.com/tlb/benefifits-of-formativeassessment-in-the-classroom［EB/OL］.https://cambridge-community.org.uk/professional-development.

［72］https://curriculum.gov.mt/en/Assessment/Assessment-of-Learning/Documents/assessment_of_for_as_learning.pdf.

［73］Walt and Wilf［EB/OL］. https://teachling.wordpress.com/2013/09/24/meet-walt-wilf-wala-tib.

［74］Plenaries［EB/OL］. https://www.teachertoolkit. co.uk/2017/05/22/plenaries.

［75］https://www.bloomsbury.com/uk/secondary-starters-andplenaries-9781408193570. https://www.theguardian.com/teacher-network/2011/oct/31/pedagogical-excellence-primary-plenary.

［76］Holquist, ed., C. Emerson, and M. Holquist. Trans［M］. Austin, Texas: University of Texas Press.

［77］Brualdi, A. (1998) Implementing Performance assessment in the classroom［J］. Practical Assessment, Research and Evaluation 6(2).

［78］Canter, L., Canter, M. (1992) Assertive Discipline［M］. Santa Monica, CA: Lee Canter Associates.

［79］Cotton, K. (1998) Classroom questioning［M］. Portland, Oregon:

North western education region laboratory.

[80] Hardman, F., Smith, F.,, and Wall K. (2003) Interactive whole class teaching in the National Literacy Strategy [J] . Cambridge Journal of Education , 33(2), 97-215.

[81] Hattie, J. (2012) Invisible Learning [M] . London: Routledge.

[82] Kerry, T. (2002) Explaining and questioning [M] . Cheltenham: Nelson Thornes.

[83] Meehan, H. (1979) Learning lessons [M] . Cambridge, MA: Harvard University Press.

[84] Parker, W., (2006) Public discourses in schools; Purposes, problems, possibilities [M] . Educational Researcher 35 (8), 11-18.

[85] Petty, G., (2006) Evidence-based teaching: A Practical Approach [M]. Cheltenham,UK: Nelson Thornes.

[86] Redfern, A. (2015) The essential guide to teaching practice [M] . London: Routledge.

[87] Reece, I., and Walker, S., (1995) A Practical Guide to the Overhead projector and other visual aids [M] . Colombo: Staffff Plan College.

[88] Rowe, M.B. (1974) Relation of wait time and rewards to the development of language, logic and fate control [J] . Journal of Research in Science Teaching 13(4), 292.

[89] Wragg, E.C.,, and Brown G., (2001) Questioning in the primary school [M] . London: Routledge Falmer.

[90] Yair, G. (2000) Education Battlefifields in America: The tug-of-war over students' engagement with instruction [J] . Sociology of Education 73(4), 247-269.

[91] waiting time after questions [EB/OL] . http://www.screenfree. org/ wp-content/uploads/2014/01/screentimefs.pdf.

[92] Bloom's taxonomy [EB/OL] . https://www.scribd.com/document/ 7223018/ Bloom-s-Original-Revised-Taxonomy-Pyramids.

[93] Kyriacou, C. (2007) Essential teaching skills [M] . Cheltenham, UK: Nelson Thornes.

[94] Matari ,V.O. (2015) The Instructional Process: A Review of Flanders' Interaction Analysis in a Classroom Setting International [J] . Journal of Secondary Education 3,(5), October Pages: 43-49.

[95] Attention span [EB/OL] . https://day2dayparenting.com/qa normal-attention-span.

[96] https://dealwithautism.com/forum/media/average-concentrationspans-for-children.206.

[97] Critique of Bloom's taxonomy [EB/OL] . https://teachercommons. blogspot.com/2008/04/bloom-taxonomy-criticisms.html, http:// blogs.edweek.org/edweek/learning_deeply/2018/03/heres_whats_ wrong_with_blooms_taxonomy_a_deeper_learning_perspective. html.

[98] Flanders Interaction analysis [EB/OL] . https://www.slideshare. net/ selvabarady/flflanders-interaction-analysis.

[99] Philosophy for children [EB/OL] . http://www.philosophy4children. co.uk.

[100] Questioning [EB/OL] . http://geoffpetty.com/for-teachers/ questioning.

[101] Hattie, J. (2012) Visible Learning [M] . London: Routledge.

[102] Gardner, H. Multiple Intelligence [EB/OL] http:// multiple intelligencesoasis.org.

[103] Gardner, H. (1992) Multiple Intelligence as a Partner in School Improvement [J] . Educational leadership 55(1).

［104］Gardner, H. referenced in Lucas, B. (2007) New Kinds of Smart［M］. Winchester, UK: The Talent Foundation.

［105］Leadbeater, C. (2004) Learning about personalisation［M］. Nottingham, UK: NCSL/Demos.

［106］Mortimore, P. et al (1988) School matters［M］. Wells, Somerset, UK: Open Books.

［107］Rosenshine, B. (1979) Instructional Principles in Direct Instruction［J］.Theory into Practice 17(3), 267-271.

［108］https://www.sabis.net/a-sabis-education.

［109］https://simplypsychology.org/Zone-ofProximal-Development.html https://www.learning-theories.com/ vygotskys-social-learning-theory.html.

［110］Eyre, D., and McClure L. (eds) (2001) Curriculum provision for the gifted and talented in the primary school［M］. London: David Fulton.

［111］George, D. (2001) The challenge of the able child［M］. London: Cromwell Press.

［112］Leadbeater, C. (2005) The shape of things to come; personalised learning through collaboration［M］. Nottingham, UK: NCSL.

［113］Moss, G. (1996) A strategy for differentiation［M］. Birmingham, UK: Questions Publishing Company.

［114］Stopper, M.L., (Ed) (2000) Meeting the social and emotional needs of Gifted and Talented children［M］. London: David Fulton.

［115］Tomlinson, C. (2014) Differentiated classroom: Responding to the needs of all learners［M］. PLaCE ASCD.

［116］Multiple intelligence［EB/OL］. www.psychologytoday. com/blog/unique-everybody-else/201311/the-illusory-theorymultipleintelligences.

[117] Multiple intelligence [EB/OL] . http://www.quora.com/What-isthe-criticism-of-Gardners-theory-of-multiple-intelligence.

[118] State of technology in education [EB/OL] . https://resourced. prometheanworld.com.

[119] Differentiation [EB/OL] . https://teachertools,londongt. pagedifferentiation Strategies for gifted and talented students.

[120] Inclusive schools [EB/OL] . https://inclusiveschools.org/ together-we-learn-better-inclusive-schools-benefifit-all-children.

[121] IEPs in the English education system [EB/OL] . https://www. specialeducationalneeds.co.uk/iep---individual-education-plan.html.

[122] IEPS in the US education system [EB/OL] . https://www. understood.org/en/school-learning/special-services/ieps/ understandingindividualized-education-programs.

[123] Writing Frameworks [EB/OL] . https://www.teachingenglish.org. uk/article/creating-a-framework-writing.

[124] Dewey, J. (1902) The Child and the Curriculum. Illinois: University of Chicago Press.

[125] Handy, C [EB/OL] . https://www.azquotes.com/author/22005-Charles_Handy.

[126] Jung, C [EB/OL] . https://www.azquotes.com/quotes/topics/ curriculum.html.

[127] Katz, L [EB/OL] . https://fifiles.eric.ed.gov/fulltext/ED436298. pdf.

[128] McDermott, S. (2008) How to be a complete and utter failure in work, life and everything [M] . New Jersey, USA: FT Press.

[129] Menand, L [EB/OL] . https://bigthink.com/videos/collegeprograms-arent-one-size-fifits-all.

［130］PBL, Buck Institute-available at: http://www.bie.org/about/what_ pb.

［131］Richardson W.［EB/OL］. https://www.azquotes.com/ author/ 39455-Will_Richardson).

［132］Russell B.［EB/OL］. https://www.brainyquote.com/authors/ bertrand_russell and also see: http://www.yourarticlelibrary.com/ education/bertrand-russell-view-on-education/69148.

［133］Russell, B. (1932) Education and the Social Order［M］. London: George Allen & Unwin.

［134］STEM［EB/OL］. https://www.livescience.com/43296-what-isstem-education.html.

［135］STEAM［EB/OL］. https://educationcloset.com/steam/what-is steam.

［136］Tomlinson, C.A. (2017) How to Differentiate Instruction in Academically Diverse Classrooms［EB/OL］. http://www.ascd. orgASCD/pdf/siteASCD/publications/books/Differentiation in AcademicallyDiverseClassrooms-3rdEd. pdf.

［137］The Coleman report and spending on education linked to outcomes ［EB/OL］. https://www.edweek.org/ew/section/multimedia/50-yearsseeking-educational-equality-the-coleman-report.html.

［138］Charter schools and PBL［EB/OL］. http://www.avalonschool. Quality in PBL-HQPBL-available at: https://hqpbl.org.

［139］PBL［EB/OL］. https://hqpbl.org/wp-content/uploads/2018/04/ Defiining-High-Quality-PBL-A-Look-at-the-Research-.pdf.

［140］IBO programmes［EB/OL］. https://fieldworkeducation.com/ curriculumshttps://ibo.org/programmes.

［141］Industrial model of schooling［EB/OL］. http:// creative curriculumisabella. weebly.com/the-factory-model-of-education. html.

[142] Extra curricular activity [EB/OL] . https://www.theeducator.com/ blog/role-extracurricular-activities-students-development.

[143] CEFR [EB/OL] . https://www.coe.int/en/web/common-europeanframework-reference-languages/level-descriptions.

[144] Cummins, J. (1991) Language Development and Academic Learning Cummins, J. in Malave, L. and Duquette, G. [H] . Language, Culture and Cognition Clevedon, USA: Multilingual Matters.

[145] Cummins, J. (2000) Language, Power and Pedagogy: Bilingual Children in the Crossfire [M] . Clevedon, USA: Multilingual Matters.

[146] Cummins' theories of additional language acquisition [EB/OL] . http://esl.fifis.edu/teachers/support/cummin.htm.

[147] Gibbons, P. (1991) Learning to live in a second language [M] . Newtown, NSW, Australia: Primary English Teaching Association.

[148] House,R.J., Hanges, P.J., Javidan, M. Dorfman, P.W. and Gupta, V. (2004) Culture, Leadership and Organizations: The Globe Study of 62 societies [M] . Thousand Oaks, California: Sage.

[149] Keeling, A. (2018) [EB/OL] . https://www.iscresearch.com/ uploaded/images/Publicity/EIFeb18_Investment_in_international_ schools_an_expanding_market.pdf.

[150] Lee, L. (2002) Cider with Rosie. London: Penguin Modern Classics.

[151] Meyer, E. (2014) The Culture Map [M] . New York: Public Afffairs.

[152] Schein, E. (2016) Organizational culture and leadership [M] . New Jersey, USA: John Wiley and Sons.

[153] Baker, C. (1996) Foundations of Bilingual Education and Bilingualis [M] . London: Bath Press.

［154］Cummins, J. (1979) Cognitive/academic language proficiency, linguistic interdependence, the optimum age question and some other matters ［J］. Working Papers on Bilingualism, 19, 121-129.

［155］Hofstede, G., Hofstede, G.J. and Minkov, M. (2010) Cultures and Organisations: Software of the mind ［M］. New York: McGraw Hill.

［156］Assessment-the Bell Foundation ［EB/OL］. https://www.bellfoundation.org.uk/eal-programme/teaching-resources/eal-assessmentframework.

［157］IELTS ［EB/OL］. https://takeielts.britishcouncil.org/take-ielts/what-ielts.

［158］Dewey, J. (1902) The Child and the Curriculum ［M］. Illinois: University of Chicago Press.

［159］Handy, C. ［EB/OL］. https://www.azquotes.com/author/22005-Charles_Handy.

［160］Jung, C. ［EB/OL］. https://www.azquotes.com/quotes/topics/curriculum.html.

［161］Katz, L. ［EB/OL］. https://fifiles.eric.ed.gov/fulltext/ED436298. pdf.

［162］McDermott, S. (2008) How to be a complete and utter failure in work, life and everything ［M］. New Jersey, USA: FT Press.

［163］Menand, L. ［EB/OL］. https://bigthink.com/videos/collegeprograms-arent-one-size-fifits-all.

［164］PBL, Buck Institute ［EB/OL］. http://www.bie.org/about/what_ pb.

［165］Richardson W. ［EB/OL］. https://www.azquotes.com/ author/39455-Will_Richardson).

［166］Russell B. ［EB/OL］. https://www.brainyquote.com/authors/bertrand_russell and also see: http://www.yourarticlelibrary.com education/bertrand-russell-view-on-education/69148.

［167］Russell, B. (1932) Education and the Social Order ［M］. London: George Allen & Unwin.

［168］STEM ［EB/OL］. https://www.livescience.com/43296-what-isstem-education.html.

［169］STEAM ［EB/OL］. https://educationcloset.com/steam/what-issteam.

［170］Tomlinson, C.A. (2017) How to Differentiate Instruction in Academically Diverse Classrooms ［EB/OL］. http://www.ascd.orgASCD/pdf/siteASCD/publications/books/HowtoDiffferentiateInstruction in AcademicallyDiverseClassrooms-3rdEd.pdf.

［171］The Coleman report and spending on education linked to outcomes ［EB/OL］. https://www.edweek.org/ew/section/multimedia/50-yearsseeking-educational-equality-the-coleman-report.html.

［172］Charter schools and PBL ［EB/OL］. http://www.avalonschool.org/pbl Quality in PBL-HQPBL-available at: https://hqpbl.org/.

［173］PBL ［EB/OL］. https://hqpbl.org/wp-content/uploads/2018/04/Defifining-High-Quality-PBL-A-Look-at-the-Research-.pdf.

［174］IBO programmes ［EB/OL］. https://fieldworkeducation.com/curriculumshttps://ibo.org/programmes.

［175］Industrial model of schooling ［EB/OL］. http:// extracurricular.weebly.com/the-factory-model-of-education. html.

［176］Extra curricular activity ［EB/OL］. https://www.theeducator.com/blog/role-extracurricular-activities-students-development.

［177］Bergmann, J., & Sams, A. (2012) Flip your classroom: reach every student in every class every day ［M］. Washington, DC: International Society for Technology in Education.

［178］Hattie, J. (2012) Visible Teaching ［M］. London: Routledge.

［179］Flipped classrooms (Khan Academy) ［EB/OL］. https://www.edutopia.org/video/salman-khan-liberating-classroom-creativity-bigthinkers-series).

［180］IB programmes ［EB/OL］. www.ibo.org. programmes.

［181］IPC programmes ［EB/OL］. https://fieldworkeducation.com/curriculum/primary-years.

［182］Flipped classrooms ［EB/OL］. https://www.teachthought.com/learning/10-pros-cons-flflipped-classroom.

［183］Science resources ［EB/OL］. http://www.gettingpractical. org.uk/m3-2.php (for primary science) or https://www.stem.org.uk/ science practicals.

［184］Alvarez, B. (2011) Flipping the classroom: Homework in class, lessons at home ［J］. Education Digest: Essential Readings Condensed For Quick Review, 77 (8): 18–21.

［185］Mo, Jun, Mao, Chunmei. (2017) An Empirical Study on the Effectiveness of College English Reading Classroom Teaching in the Flipped Classroom Paradigm ［J］. Revista de la Facultad de Ingeniería U.C.V. 32: 632–639.

［186］Piaget ［EB/OL］. https://www.simplypsychology.org/piaget.html

［187］Flipped classrooms ［EB/OL］. https://www.learning-theories.com/flflipped-classrooms.html.

［188］https://www.heacademy.ac.uk/knowledge-hub/flflipped-learning-0.

［189］Allison, Shuan, Tharby, Andy. (2015). Making Every Lesson Count ［M］. Carmarthen: Crown House Publishing, 2015.

［190］Argyris, Chris, Schön, Donald A. (1978). Organizational Learning: A Theory of Action Perspective ［M］. Boston: Addison-Wesley Publishing Company.

［191］Bolton, Robert. (1989) People Skills［M］. London: Touchstone.

［192］Enthusiastically, Mihaly. (2008) Flow［M］. London: Random House Group.

［193］DfEE. (2001) Learning and Teaching［M］. London: Department for Education.

［194］Downey, Myles. (2003) Effective Coaching: Lessons from the Coaches's Coach［M］. London: Texere.

［195］Dufour, Richard. (2004) What Is a Professional Learning Community? Schools as Learning Communities［J］. 6(8): 6-11.

［196］Godfrey, David. et al. (2019) A Developmental Evaluation Approach to Lesson Study: Exploring the Impact of Lesson Study in London Schools［J］. Professional Development in Education 45(2): 1-16.

［197］Goleman, D. (2015) Emotional Intelligence［EB/OL］. www. Danielgoleman. Info/topics/emotional-intelligence.

［198］Goleman, Daniel, Boyatzis, Richard, and Mckee, Annie. (2003) The New Leaders［M］. London: Time Warner Paperbacks.

［199］Hattie, John. (2012) Visible Learning for Teachers: Maximizing Impact on Learning［M］. London: Routledge.

［200］Update［M］. http://www.underachieving.org.au/hattie-effect-size-2016-update.

［201］Joyce, B., Showers, B. (2003) Students Achievement through Staff Development［EB/OL］. https://www.nationalcollege.org.uk/cm-mc-ssl-resource-thundershowers.pdf.

［202］Ko, J., Sammons, P., and Bakkum L. (2014) Effffective Teaching［EB/OL］. https://www.educationdevelopmenttrust.com/our-research-and-insights/research/effffective-teaching.

［203］Kolb, David A. (1984) Experiential Learning: Experience as the Source of Learning and Development［M］. Englewood Cliffs: PrenticeHall.

［204］Kydd, L., Anderson, L., and Newton, W. (1993) Leading People and Teams in Education［M］. London: Paul Chapman Publishing.

［205］Lipkin, M., Lascaris, R, and Fire, Water. (1996) The Power of Passion, The Force of Flow［M］. Sandton: Zebra, 1996.

［206］Mickinsey Group. (2018) Making CPD Effective［EB/OL］. https://www.mckinsey.com/industries/social-sector/our-insights/breaking-the-habit-of-ineffective-professional-development-for-teachers.

［207］Parsloe, Eric, Wray, Monika Jamieson. (2000) Coaching and Mentoring: Practical Methods to Improve Learning［M］. London: Kogan Page.

［208］Raworth, Kate. (2017) Doughnut Economics［M］. London: Random House Publishing.

［209］Rhodes, C., S. Houghton-Hill. (2000) The Linkeage of Continuing Professional Development and the Classroom Experience of Pupils: Barriers Perceived by Senior Managers in Some Secondary Schools［J］. Journal of In-Service Education 26(3): 423-435.

［210］Salovery, Peter, Sluyter, David J. (1997) Emotional Development and Emotional Intelligence［M］. New York: Basic Books.

［211］Swafford, Jeanne. (1998) Teachers Supporting Teachers through Peer Coaching［M］. NASEN 13(2): 54-58.

［212］Wai Ming Cheung, Wing Yee Wong. (2014) Does Lesson Study Work?: A Systematic review on the effects of Lesson Study and Learning Study on Teachers and Students［J］. International

Journal for Lesson and Learning Studies, 3(2): 1-2.

[213] Walker, Allan, and Stott, Ken. (2000) Performance Improvement in Schools: A Case of Overdose [J] . Education Management Administration and Leadership Performance Improvement 28(1): 63-76.

[214] West Burnham, J., and O'Sullivan, F. (1998) Leadership and Professional Development in Schools: How to Promote Techniques for Effective Professional Learning [M] . London: Finanical Times Publishing.

[215] Whitmore, J. (2010) Coaching for Performance [M] . London: Nicholas Brealey Publishing.

[216] Bubb, Sara, and Earley, Peter. (2004) Managing Teacher Workload [M] . London: Paul Chapman Publishing.

[217] Davies, B., and Davies, B.J. (2011) Talent Management in Education [J] . Educational Management Administration and Leadership 40(3): 412-13.

[218] Evans, L. (1998) Teacher Morale, Job Satisfacton and Motivation [M] . London: Paul Chapman Publishing.

[219] Hord, S.M., and Sommers, W.A. (2008) Leading Professional Learning Communities [M] . London: Corwin Press.

[220] Moon, J.A. Reflection in Learning and Professional Development: Theory and Practice [M] . London: Kogan Page, 1999.

[221] Rhodes, Christopher., and Beneicke, Sandra. Coaching, Mentoring and Peer-Networking: Challenges for the Management of Teacher Professional Development in Schools [J] . Journal of In-service Education 28.2 (2002): 297-310.

[222] Stoll, Louise, and Seashore-lewis, Karen. (2006) Professional Learning Communities [M] . New York: McGraw-Hill.